Der Mann, der den Neusiedler See trockenlegen wollte …

Harald Havas

Der Mann, der den Neusiedler See trockenlegen wollte

und andere kuriose Österreicher

METROVERLAG

INHALT

ENCYCLOPÆDIA AUSTRIACA
VORWORT

Als ich daran ging, dieses Buch zu verfassen, plagte mich eine beachtliche Sorge im Hinterkopf: Wie schaffe ich es, ein ganzes Buch mit Originellem und Seltsamem zu füllen, ohne mich selbst zu plagiieren? Denn immerhin hab ich in den letzten zehn Jahren mehrere Bücher geschrieben, die sich mit allerlei Absonderlichem aus unserer schönen Alpen-Donau-Republik befasst haben. Und da hinter fast jeder Kuriosität, wenn sie jetzt nicht gerade – sagen wir einmal – geografischer Natur ist, natürlich eigentlich ein kurioser Mensch steckt, schien die Gefahr, dieselben Anekdoten einfach nur andersrum noch einmal zu erzählen, also immanent. Im Gegensatz zu anderen Autoren, von denen ich gerüchteweise gehört habe, widerstreben mir Wiederholungen auf meiner Queste, Leute zu verblüffen und zu unterhalten, nämlich eher – weil kontraproduktiv. Selbst wenn die Zahl der Havas-Komplett-Sammler und (vor allem) -Komplett-Leser jetzt nicht so gigantisch sein dürfte, und man sich eh nicht an alles erinnern kann, was man sich so jahrauf, jahrab literarisch zu Gemüte führt.

Im Zuge des Schreibens stellte sich jedoch bald heraus, dass diese Sorge weitgehend unbegründet war. Es gibt nämlich erfreulicherweise noch viel mehr kuriose Österreicher und Österreicherinnen, als ich bisher angenommen hatte. Und so manche hatten bei meiner neuerlichen Beschäftigung mit ihnen außerdem noch weitere absurde Facetten zu bieten und nicht zuletzt konnte ich auch ein paar neue aufnehmen, die *qua persona*, also schon durch ihre schiere Existenz, in dieses Buch passen. Manche hab ich auch einfach aufgrund ihrer – oft vergessenen – weltweiten Bedeutung darin aufgenommen. So viel Patriotismus darf ruhig sein.

Dennoch gibt es naturgemäß die eine oder andere Überschneidung zu vorherigen Büchern – wenn auch stets durch Neues ergänzt. Also, wenn Sie jemanden schon kennen, grüßen Sie ihn freundlich wie einen alten Bekannten, erfreuen Sie sich am Wiedererkennungseffekt und gehen Sie zur nächsten verblüffenden und hoffentlich neuen Information über.

Ich sehe das sogar eher so, dass manches aus meinen früheren Büchern hier nur konzentriert vorkommt, und empfehle daher sogar jedem, der über dieses oder jenes noch mehr erfahren oder sich noch einmal genauer damit beschäftigen möchte, zu meinen früheren Büchern zu greifen. Also, um sie einmal zu nennen, vor allem die seltsame Wien-Trilogie „Kurioses Wien", „Furioses Wien" und „Unglaubliches Wien" sowie die vorerst nur mehr antiquarisch erhältlichen Bände „Das Habsburger Sammelsurium" sowie „Das Austropop Sammelsurium". Zum Aufbau dieses Buches ist noch zu sagen, dass ich mich völlig uneitel an der „Encyclopædia Britannica" orientiert habe. Jene ist nämlich in eine sogenannte „Micropedia" mit lexikalischen Kurzeinträgen und eine „Macropedia" mit sachbuchlangen Artikeln zu wichtigen Hauptthemen unterteilt. Dem folgend bieten hier die „Mikrobios" Interessantes über interessante Personen von A bis Z – also von Abraham a San(c)ta Clara bis Helmut Zilk. Dazwischen eingestreut finden sich sodann in den „Makrobios" einige Artikel zu personenübergreifenden Themen, wie den Song Contest oder jüdische Familiennamen, sowie Personencluster, wie im Kapitel „Erfinder, Forscher und Entdecker" oder

„Musikalische Seitensprünge". Diesen Bereich nenne ich auch gerne „Makrobiotika".

Ein Word-Rap zu Personen, die, wenn auch nur kurz, dafür aber unbedingt erwähnt gehören, rundet das Buch ab. Für diesen dritten Bereich gibt es keine „Britannica-Entsprechung", weil deren „Propedia"-Bände anders funktionieren. Aber zum guten Schluss treffe ich mich dann doch wieder mit dem – leider mittlerweile eingestellten – Standardwerk des weltweiten Wissens: Wie in der ehrwürdigen „Encyclopædia Britannica" gibt es auch bei mir einen Index, wenn auch nur einen Personenindex.

Wie Sie das Buch am besten lesen, kann ich Ihnen nicht sagen. Ich empfehle aber Schmökern (wie alle meine Bücher ist auch dieses ein hervorragendes Klobuch), gezieltes Suchen nach Promis oder besonderen Persönlichkeiten und irgendwann dann ein von Vorne-bis-hinten-Durchlesen, um die Lücken zu füllen. So würde ich das jedenfalls machen.

Aber wie immer Sie auch vorgehen mögen, ich wünsche Ihnen dabei viel Vergnügen. Und so manche Erkenntnis, sei es über unerwartete Zusammenhänge oder die – offenbar extensiv kuriose – österreichische Seele.

Wien, September 2013

9

ERFINDER, FORSCHER UND ENTDECKER: TOPS UND FLOPS

Oft ist vom österreichischen Erfinderschicksal die Rede. Also die wiederkehrende Geschichte eines genialen Erfinders, der seine Erfindung nicht rechtzeitig verbreiten oder durchsetzen konnte, weshalb der Ruhm von anderen, späteren Parallelerfindern eingeheimst wurde. Abgesehen vom leicht Wehleidigen an dieser Fama, steckt schon ein wahrer Kern darin. Allerdings scheiterten die Genies oft einfach an Österreich beziehungsweise der österreichischen Mentalität, die Neues und Veränderungen grundsätzlich erst einmal mit Skepsis beäugt. Das bringt zwar auch oft Vorteile (Atomkraft, viele bewahrte historische Ortskerne, Erhaltung der Donauauen anstelle von großen Stauprojekten …), aber eben oft auch Nachteile im Sinn von verschlafenen Gelegenheiten und Entwicklungen.

Wie auch die Geschichte des Tiroler Zimmermanns und Erfinders Peter Mitterhofer (1822–1893) bezeugt. Bereits ab 1864

stellte er als Erster fünf verschiedene, marktreife Modelle einer modernen Schreibmaschine her. Mit den Modellen reiste er zwei Mal (angeblich zu Fuß, die Geräte auf dem Rücken) von Südtirol nach Wien, um sie am Kaiserhof Kaiser Franz Joseph (☞) zu präsentieren. Dort fand man seine Erfindungen durchaus amüsant und er erhielt dafür auch anerkennende Geldbeträge. 200 Gulden für das erste und 150 Gulden für das zweite, wesentlich verbesserte Modell. Die Geräte selbst landeten weitgehend unbeachtet in der Sammlung des Polytechnischen Institutes. Ihr Nutzen wurde nicht erkannt, die Schreibmaschinenrevolution fand daher einige Jahre später andernorts statt. Unter anderem erfand Mitterhofer auch eine auch als Rückentrage zu verwendende Scheibtruhe und eine Waschmaschine. Immerhin erinnert heute die Mitterhofergasse in Wien-Floridsdorf an ihn.

Nicht viel anders erging es ein halbes Jahrhundert zuvor dem Wiener Mechaniker Franz Besetzny (1840–1870). Ihm fiel auf, dass die von Kaiser Franz II./I. (➛) eingeführten Banknoten alles andere als fälschungssicher waren. Zum Beweis fälschte er ein paar Noten und präsentierte diese zusammen mit einem besseren, sichereren Wasserzeichen – einer eigenen Erfindung – dem Kaiser. Woraufhin er eine erboste schriftliche Warnung samt Strafandrohung der Hofkammer erhielt, solche Fälschungen in Zukunft zu unterlassen. Außerdem wurde er der polizeilichen Beobachtung anempfohlen. Später erzählte er seine Geschichte angeblich dem Erfinder und Unternehmer Franz Xaver Wurm (➛), was interessante Ergebnisse zeitigte. Besetzny war übrigens auch der Konstrukteur der ersten Fähre im Schlosspark Laxenburg.

Der Klassiker in diesem Bewerb schlechthin ist aber natürlich Josef Ressel (1793–1857), Forstbeamter und Erfinder der Schiffsschraube (korrekt: Schiffspropeller). Ganz genau war er der Erste, der die Idee eines Propellers zur „technischen Reife" brachte. Seine Entwürfe und erfolgreichen Versuche wurden dann aber von englischen Konstrukteuren ohne Kompensation oder auch nur Würdigung übernommen und erstmals in großem Stil eingesetzt.

Der zweite Champion dieser ungeliebten Disziplin ist Josef Madersperger (1768–1850), der als Erfinder der Nähmaschine gilt. 1839 baute er sein letztes und bestes Modell, konnte es aber nicht gewinnbringend umsetzen. Daher schenkte er es dem „k.k.

polytechnischen Institut". Er erhielt zwei Jahre später eine Bronzemedaille des Niederösterreichischen Gewerbevereins, starb aber nur wenige Jahre später völlig verarmt im „Wiener Versorgungshaus". Passenderweise steht ein ihm gewidmetes Denkmal heute im Resselpark.

Als zu Lebzeiten gescheitert, aber immerhin postum gewürdigt, kann die Leistung von Gregor Mendel (1822–1884) gelten. Mendel, hauptberuflich katholischer Priester, gilt heute als Entdecker der Vererbungslehre, ja, als „Vater der Genetik" gar! Seine Kreuzungsversuche mit Erbsen werden weltweit an Schulen gelehrt. Tatsächlich ist seine Arbeit nur wegen eines einzigen wissenschaftlichen Aufsatzes in einer eher obskuren Zeitschrift bekannt, der zu seinen Lebzeiten wenig Beachtung fand. Erst später wurde seine Bedeutung und die der „Mendel'schen Regeln" erkannt. Aus Briefwechseln ist bekannt, dass seine Forschungen aber erheblich umfangreicher waren und noch zahlreiche andere Pflanzenarten umfassten. Leider ist sein Werk nicht erhalten geblieben, denn infolge eines lang anhaltenden Steuerstreits, den er als Abt der Abtei Alt Brünn mit dem Staat führte, wurden alle seine Unterlagen knapp nach seinem Tod vernichtet.

Zwei wesentliche physikalische Begriffe sind übrigens auch nach Österreichern benannt. Das Maß für die Schallgeschwindigkeit, das weltweit und mangels nennenswerter einheimischer Fluggeräte sogar mehrheitlich in Ländern wie den USA oder Russland verwendet wird, heißt – wie der Entdecker der dafür grundlegenden Zahl – Ernst (Waldfried Josef Wenzel) Mach (1838–1916). Weiters spielt der eigentlich ebenfalls für ein Schallphänomen beschriebene Doppler-Effekt heute auch in der Weltraumforschung (Stichwort: Rotverschiebung als Nachweis der Expansion des Universums) eine große Rolle. Benannt ist er nach

Christian Doppler (1803–1853). Freilich kennt man in Österreich auch noch andere Doppler-Effekte, aber darüber wollen wir an dieser Stelle schweigen.

Neuerer Vertreter der Gattung „Erfinderschicksale" ist (vermutlich unter anderem) Bastian Kaltenböck (*1983), Skispringer und 2007 Erfinder der „Stabbindung". Diese Neuerung wurde vom österreichischen Team nicht eingesetzt, dann aber vom Schweizer Team – modifiziert – übernommen und siegreich eingeführt. Sie besitzt heute noch große Verbreitung. Ähnlich und noch im größeren Stile scheiterte Reinhard Fischer, der als der Erfinder der Carving-Ski und damit der letzten großen Revolution in der Skiherstellung gilt. Er begann schon 1977 mit der Entwicklung der Technik, erzielte 1982 einen ersten Durchbruch (indem er ein Snowboard der Länge nach halbierte) und bastelte beständig weiter. Roland Voigt (VR-Ski) produzierte Fischers erste „Snowrider" genannte Modelle, die aber nur eine geringe Verbreitung fanden. Bald darauf wurden seine Ideen aber – patentlos – von großen Firmen umgesetzt und schließlich erfolgreich vermarktet.

Apropos Ski-Innovatoren: Der Offizier Georg Bilgeri (1873–1934) gilt als Erfinder der Zwei-Stock-Technik. Anfangs wurde beim Skifahren nämlich nur ein Stock verwendet und ähnlich eingesetzt wie bei den Gondolieri in Venedig. Bilgeri erfand einen zerlegbaren Stock: Zwei Stöcke wurden für den Aufstieg verwendet und einer für die Abfahrt. Später setzte er auch zwei zum Abfahren ein und begründete so den Stemmbogen, der dann vom Parallelschwung abgelöst wurde. Diese Technik revolutionierte den Slalom (und das Skifahren) bis heute und wurde von Anton „Toni" Seelos (1911–2006) erfunden, der damit in den 1930er-Jahren erstmals große Erfolge (unter anderem vier Mal Gold bei Alpinen Skiweltmeisterschaften) erzielte.

Zu den erfolgreichen montanen Erneuerern zählt auch Carl von Ghega (1802–1860), der mit der Semmeringbahn von Gloggnitz bis Mürzzuschlag neue Maßstäbe im Bergüberwinden durch „Metallrösser" schuf. Konkret schuf er mit dieser Strecke die erste vollspurige Bergbahn Europas. Aufgrund anderer Kriterien (äußerst schwieriges Terrain und der zu überwindende Höhenunterschied) gilt sie aber auch als erste tatsächliche Bergbahn der Welt. Um in ihrer Gesamtlänge von 41 Kilometern den Höhenunterschied von 460 Metern zu bewältigen, ließ Ghega 14 Tunnel, 16 Viadukte und über 100 steinerne Brücken sowie 11 kleine Eisenbrücken errichten. Seine Arbeit wurde durchaus gewürdigt und er erhielt den Ritterschlag sowie ab 1967 einen Ehrenplatz auf dem Zwanzig-Schilling-Schein.

Von großer Bedeutung waren auch die Entwicklungen von Simon Stampfer (1790–1864), dem es mit seinem Lebensrad – auch Zoetrop, „Prof. Stampfers Stroboscopische Scheiben" oder „optische Zauberscheibe" genannt – erstmals gelang, die Illusion bewegter Bilder zu erzeugen. Diese sich drehenden Trommeln mit Spalten werden auch heute immer wieder als Ursprung des Films angesehen und in Museen gezeigt. Die Weiterentwicklung davon gelang einem anderen österreichischen Erfinder, Franz von Uchatius (➡).

Ebenfalls sehr innovativ war der aus Deutschland stammende Bauunternehmer Johann Gottlieb Wilhelm Beetz (1844–1921) – nicht zu verwechseln mit dem Physiker Wilhelm von Beetz –, der in Wien nicht nur die quer über die Stadt verteilten Jugendstiltoilettenanlagen errichtete und betrieb, sondern auch das berühmte Klo am Graben. Hierbei handelt es sich um die erste unterirdische Toilette der Welt, in der Beetz auch ein patentiertes geruchs- und wasserloses Pissoir errichtete. Dazu erfand er auch das passende (und für das System notwendige) Öl mit dem Markennamen „Urinol". Die Hinweise auf die Patenturkunde prangten auch über den Pissoirrinnen und lassen sich zur Freude sich erleichternder Gymnasialprofessoren als Hexameter lesen: „Patent-Öl-Urinoir. Ohne Wasserspülung geruchlos". Die Täfelchen mit der Aufschrift wurden auch gerne von – klassisch gebildeten – Fladerern abmontiert und mitgenommen.

Besonders erfolgreich waren auch die drei Brüder Gräf (Franz, Heinrich und Carl), die unter anderem den Vorderradantrieb für Autos erfanden. Und später mit Wilhelm Stift die bekannte Automobilfabrik „Gräf und Stift" gründeten, die auch das österreichische Kaiserhaus mit Autos belieferte. Eingeschlossen jenes, in dem der Thronfolger Franz Ferdinand (➮) erschossen wurde. Dieses steht heute noch im Heeresgeschichtlichen Museum Wien.

In diesen Kreis der Auto-Innovatoren gehört natürlich auch Ferdinand Porsche (1875–1951), unter anderem Erfinder des ersten Hybrid- und Allradfahrzeugs. Porsche war als Chef der Wiener Neustädter Firma „Austro-Daimler" Nachfolger von Paul Daimler. Dort wurde bereits 1903 der erste Panzerwagen der Welt entwickelt. Dieser wurde 1906 Kaiser Franz Joseph (➮) präsentiert, der – wieder einmal – das Potential der Erfindung nicht erkannte. Da bei der Präsentation des Wagens ein Pferd erschrak, verhinderte der Kaiser die Weiterentwicklung sogar – was ja großartig in dieses Kapitel passt.

Weitere mehr oder weniger erfolgreiche Erfinder und Entdecker finden sich auch in den Einzeleinträgen Johann Nepomuk Peter, Oberst Peichl, Franz Xaver Wurm und Michael Winkler.

Zu den erfolgreichen österreichischen Erfindern ist Gaston Glock (* 1929) zu zählen, der die weltweit bekannten und verbreiteten Glock-Pistolen in einem hermetisch abgeriegelten Werk in Deutsch-Wagram nördlich von Wien herstellt. Sonst ist über Glock nicht viel bekannt und das Wenige ist zum Teil nicht besonders kuschelig. Weshalb ich es hier lieber bei der Erwähnung der Erfolgsgeschichte belasse.

Ebenfalls als mehr oder weniger gelungen kann man die Nordpolexpedition von Julius von Payer (➡) und Carl Weyprecht (siehe Abbildung) sowie die für den Zentralfriedhof in Wien geplante Rohrpostanlage von Franz Felbinger (➡) ansehen.

Zu der neueren Generation von Erfindern (oder in diesem Fall doch Entdeckern?) gehört Johann Grander (1930–2012), der Erfinder des Grander-Wassers. Über kaum etwas lässt sich nicht nur in eso-skeptischen Runden besser streiten als über Granders „belebtes" Wasser. Hebt es die Stimmung? Fördert es die Gesundheit? Ist mit Grander-Wasser-Teig gebackenes Brot länger haltbar? Brauchen mit Grander-Wasser gefüllte Swimmingpools weniger oder kein Chlor und andere chemische Mittel? Wachsen Pflanzen mit Grander-Wasser besser? Bildet Grander-Wasser in Leitungen weniger Ablagerungen? Die Wissenschaft verneint dies. Die besagten Wirkungen (antibakteriell, entgiftend, Oberflächenspannung herabsetzend) konnten, wie es so schön heißt, „nicht nachgewiesen werden". Die anderen (und noch viele weitere Eigenschaften) wurden noch nicht ausreichend untersucht. Empirisch belegt wurde aber, soweit ich weiß, keine. Was nicht heißt, dass sie nicht bestehen. Und auch für die anderen gilt, dass man sie ja vielleicht zu einem späteren Zeitpunkt mit besseren Messmethoden doch noch nachweisen kann. Also kann weitergestritten werden. Grander-Wasser wird jedenfalls weltweit vermarktet, darf aber nur sehr eingeschränkt mit den behaupteten Wirkungen werben. Wasser wird übrigens zu Grander-Wasser, indem es von bereits hergestelltem Grander-Wasser „lernt", also dessen gespeicherte, energetische Wirkung übernimmt. Noch dreimal teurer als „normales" Grander-Wasser ist die Vollmondabfüllung. Wegen der erhöhten Neutrinoimmission zu diesem Zeitpunkt. Falls wer fragt.

Ein Pionier auf dem Gebiet von „Feuerwasser", dessen Methoden und Ergebnisse sich sehr wohl nachweisen lassen, war Kurt Lagler (1963–2009). Aus einer Familie von Schnapsbrennern mit langer Tradition stammend, in einem burgenländischen Dorf mit der höchsten Dichte an Schnapsbrennereien Österreichs (es heißt, in Kukmirn sei aufgrund der vielen Brennereien die Umgebungstemperatur immer ein paar Grad höher als in den Gemeinden rundherum), hat Lagler vor allem zwei Verdienste um das trinkbare Obst zu verzeichnen. Zum einen eine völlig neue Brennmethode. Um möglichst viel vom Geschmack des Obstes zu erhalten, reduzierte Lagler die Brenntemperatur immer weiter. Möglich war das durch die Erhöhung des Drucks, eine Technik, die er sich bei der Parfumherstellung abgeschaut und perfektioniert hatte. Darüber hinaus sorgte er für eine konsequente Optimierung seiner Rohstoffe. So verwendete Lagler nur Bioobst, das er, soweit es seinen eigenen Anbau betraf, nur mit den Maische-Resten der Produktion düngte. Was er auch, aufgrund des Alkoholgehalts der Maische, als „Festtag für die Würmer" bezeichnete. Ein positiver Nebeneffekt des Biolandbaus: Im Gegensatz zu den meisten umliegenden blieben seine

Obstkulturen bei schweren Unwettern stets fast unbeschadet. Das Wasser für seine Produkte stammt aus einer Quelle mit Lavagestein. Die internationalen Auszeichnungen für seine Schnäpse sind aufgrund all dieser akribischen Bemühungen tatsächlich fast zahllos. Auch war Lagler ein Genie der Nachhaltigkeit. Er errichtete ein Wellnesshotel, das mit der Abwärme seiner Brennerei (etwa der Sauna- und Pool-Bereich) betrieben wurde, um diese zu nutzen. Und weil er durch die konsequente Verwendung von ausschließlich frischem Obst im Spätherbst kein „Brennmaterial" mehr zur Verfügung hatte, begann er mit der Herstellung von Whiskey! Und das ist das zweite Verdienst: Mit seinem burgenländischen Whiskey schaffte Lagler ebenfalls ein bemerkenswertes Produkt. Zwar gibt es auch andere Whiskeys aus Österreich, aber der Tüftler Lagler konnte auch hier einiges an Besonderheiten zaubern. So wird sein Whiskey zum Beispiel nicht über Torf, sondern als burgenländische Note über Schilf „gedarrt". Das sehr milde Ergebnis ist laut Lagler ein Whiskey für Leute, die keinen Whiskey mögen (eine Theorie, die ich im Freundeskreis bereits verifizieren konnte). Leider verstarb der in vielfacher Hinsicht außergewöhnliche Brennmeister 46-jährig bei einem Betriebsunfall. Bei einer nächtlichen Kontrolle fiel er, von den Alkoholdämpfen benebelt, in die Maische und erstickte. Seine Familie führt jedoch alles von ihm Geschaffene – vom Hotel bis zum Whiskey – in gleicher Qualität fort.

Eine andere Innovation aus Österreich soll in Zukunft Leben retten. Oft erkennen Bewohner von Berggemeinden an schon lange geparkten Autos, dass eine Bergtour eventuell schiefgegangen ist. Dann einen Suchtrupp zu schicken, kann aber schon zu spät sein. Um Bergsteiger und Wanderer möglichst früh zu retten, machte sich der Bürgermeister von Johnsbach im Gesäuse,

Ludwig Wolf, die geparkten Autos zunutze. Und erfand die „Alpine Parkuhr". Analog zu einer normalen Parkuhr stellt man darauf den spätesten zu erwartenden Rückkehrtermin der Tour (Wochentag und Datum) ein und notiert die Telefonnummer. Blicken nun Bewohner auf die im Auto deponierte Parkuhr, kann das einerseits für Beruhigung sorgen und verfrühte Rettungseinsätze werden verhindert, andererseits kann bei Zeitüberschreitung rasch Hilfe geschickt werden. Die Parkuhren werden seit dem Sommer 2013 in vorerst zwanzig Bergsteigerdörfern benutzt.

Gepfefferte Predigten
ABRAHAM A SAN(C)TA CLARA (* 2. JULI 1644, † 1. DEZEMBER 1709)

Wiener Prediger zu St. Stephan, quer durch Wien sowie Graz. Außerdem Satiriker („Wunderlicher Traum von einem großen Narren-Nest", 1703; „Ein Karrn voller Narrn", 1704), Schriftsteller („Judas Der Ertz-Schelm", 1686–1695; „Besonders möblirt und gezierte Toten-Kapelle oder allgemeiner Toten-Spiegel", 1710) und Mitbegründer der deutschen Schriftsprache. Eigentlich aus Krähenheimstetten (heute Kreenheinstetten) in Deutschland eingewandert, wurde der als Johann Ulrich Megerle Geborene schnell berühmt und auch berüchtigt für seine gepfefferten Predigten, bei denen er kein gutes Haar am Lotterleben seiner zeitgenössischen Wiener, ungeachtet ihrer Stellung, ließ. Viele seiner Predigten sind erhalten und lassen es an Deutlichkeit nicht fehlen. So vermerkte er unter anderem in seinem Werk „Der Sauff-Narr" den Satz: „Die Trunckenheit verwirret / verführet / und verblendet dem Menschen sein ohne deme inficirtes Gehirn …" Beigesetzt ist Abraham a Santa Clara in der Wiener Augustinerkirche.

Leben im Hotel
ALTENBERG, PETER (* 9. MÄRZ 1859, † 8. JÄNNER 1919)

Geboren als Richard Engländer, gehörte Peter Altenberg zu jener Gruppe von Wiener Autoren, die heute allgemein als Kaffeehausliteraten bezeichnet wird und die unter dem Namen „Jung-Wien" bekannt ist. Ihre Vertreter wie Anton Kuh, Egon Friedell, Hermann Bahr, Richard Beer-Hofmann, Hugo von Hofmannsthal, Karl Kraus, Felix Salten, Arthur Schnitzler oder Stefan Zweig zeichneten sich einerseits durch wortgewaltige und oft ironisch-humorvolle Werke aus sowie in den meisten Fällen auch durch einen unkonventionellen Lebensstil. Während aber andere internationale Künstlergruppen ihren alternativen Lifestyle durch Exzesse und Skandale bestritten, genügte es dieser losen Gruppe, quasi im Kaffeehaus (korrekter in Kaffeehäusern) zu leben und dieses nur notgedrungen zum Schlafen zu verlassen. Peter Altenberg war hier insofern führend, als er nicht einmal eine Wohnung hatte, sondern im Hotel lebte. Nicht nur über ihn, sondern auch viele seiner Mitstreiter wäre auch im Zusammenhang dieses Buches noch viel zu sagen, wenn nicht bereits so viel über sie gesagt worden wäre. Nie besser als durch den Nachzügler, geistigen Nachfahren und spätberufenen Café-Besetzer Friedrich Torberg in seinem Buch „Die Tante Jolesch".

Argwöhnisch beäugt
ARNSTEIN, FANNY VON (* 29. NOVEMBER 1758, † 8. JUNI 1818)

Leider mangelt es Österreich bis 1900 an bekannten außergewöhnlichen Frauengestalten. Mit Betonung auf „bekannt", denn
das heißt nicht, dass es keine gab (und es findet sich auch durchaus so manch bemerkenswerter „Rock" in diesem Buch), sondern
eher, dass sie zu ihrer Zeit nur mangelhaft überliefert wurden.
Hier sticht Fanny von Arnstein, geborene Vögele Itzig, heraus.
Sie ist eine der zahlreichen international anzutreffenden Frauen,
die das Problem, angemessenen intellektuellen Umgang in damals angemessenem Rahmen zu finden, dadurch lösten, dass sie
die interessanten Köpfe in ihre Salons nach Hause einluden. Etwas
Ähnliches organisierte auch ihre Schwester Sara Levy in Berlin.
Fanny war Mitbegründerin der Gesellschaft der Musikfreunde,
politisch aktiv und die Großtante von Felix Mendelssohn-
Bartholdy. Tatsächlich wimmelt es in ihrer Verwandtschaft nur
so von Musikern, Musikerinnen und Salondamen. In Ausübung
dieser wichtigen Tätigkeit, für die es auch die schöne Bezeichnung Salonnière gibt, veranstaltete Fanny von Arnstein 1814
auch ein Weihnachtsbaumfest nach Berliner Art. Und so erleuch-
tete im Beisein mehrerer Fürsten, Politiker und anderer Promi-
nenter der Zeit erstmals ein geschmückter Christbaum ein österreichisches Wohnzimmer. Und zwar das einer jüdischen
Kaufmannsfamilie. Zu diesem Anlass gab es auch viele Geschen-
ke für die Anwesenden, ein Brauch, der damals im katholischen
Österreich ebenfalls noch unüblich war. So genau Bescheid darüber weiß man aus den Aufzeichnungen der Staatspolizei Metter-
nichs, die den aufklärerischen Salon der Arnsteins argwöhnisch
beobachtete. Übrigens: Nachdem die Gebeine von Fanny von

Arnstein (wie die vieler weiterer Bestatteter) von den Nazis im Währinger Friedhof zu angeblich wissenschaftlichen Zwecken ausgegraben wurden, dürften ihre Überreste heute in den Archiven des Naturhistorischen Museums ruhen. Beziehungsweise abgelegt sein.

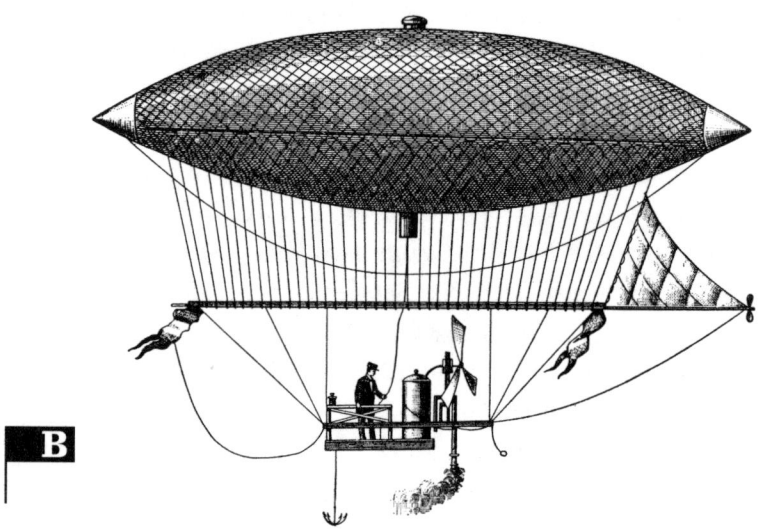

Hauptsache hoch
BAUMGARTNER, FELIX (* 20. APRIL 1969)

Der Extremsportler Felix Baumgartner hat seine sportliche Karriere darauf aufgebaut, von irgendwo herunterzuspringen. Hauptsache, es ist hoch. Außerdem überquerte er als erster Mensch im Gleitflug den Ärmelkanal von Dover bis Calais. Da er zuletzt, ebenfalls als erster Mensch, von der Grenze der Erde zum Weltraum hinuntergesprungen ist, warten das Publikum sowie sein Sponsor gespannt, ob er noch eine höhere Höhe auftreibt.

C

Kein Chinese
CALAFATI, BASILIO (* 1. JANUAR 1800, † 27. MAI 1878)

Basilio Calafati war vieles: Zauberkünstler, Schießbuden- und Karussell-Betreiber, Gasthausbesitzer ... Nur eines war er nicht, nämlich Chinese. Tatsächlich war er Italiener griechischer Herkunft und sein Name Καλαφάτης, auch der Beiname des byzantinischen Kaisers Michael V., bezeichnet eigentlich den Beruf des „Abdichters", der sich auch in dem deutschen Wort Kalfaterer und kalfatern wiederfindet. Die Verwechslung geht darauf zurück, dass Calafati als Karussellmast eine große Figur mit orientalischen Zügen errichten ließ, die bald den Namen „Der große Chineser" erhielt und zu einem der Wahrzeichen des Wiener Praters avancierte. Noch heute dreht er sich, auch ohne Karussell, inmitten des Wurstelpraters und ist gemeinhin als Calafatti oder auch Kalafatti bekannt. Allerdings handelt es sich beim heutigen „Kineser" um eine Nachbildung aus Naturstein. Der echte Chinese wurde 1945 während der „Schlacht um Wien" mitsamt dem Ringelspiel zerstört. Die Originalfigur war neun Meter hoch, trug Kleidung aus Brokatstoff und hatte einen elf Meter langen Zopf aus 17 Kilogramm Rosshaar.

Heute erinnert auf dem neuen Riesenradplatz eine Statue an Calafati. Und der Platz, auf dem der Chinese neben einer zweiten Figur (der Glücksgöttin Fortuna) steht, die manchmal als Kalafattis Frau bezeichnet wird, heißt seit 1963 in einer Art Mischform Calafattiplatz (vorher 1. Rondeau). Die Original-Fortuna ist übrigens erhalten und steht heute im Pratermuseum.

Schmeichelei für's Ohr
CLEMENS, OTTO (* 21. OKTOBER 1946)

Otto Clemens ist der bekannteste Unbekannte des ORF. Kaum jemand weiß, wie er aussieht. Obwohl er auf fast allen wichtigen Bühnen Österreichs aufgetreten ist und an Dutzenden TV- und Filmproduktionen als Schauspieler mitgewirkt hat. Aber fast jeder – im gesamten deutschen Sprachraum – kennt seine Stimme. Denn durch die „Universum"-Filme des ORF und viele andere Dokus wie „Österreich I", „Österreich II" und „Dinosaurier – Im Reich der Giganten", denen er seine Stimme lieh und leiht, hat sich Clemens' sanftes Timbre endgültig und nachhaltig in die Gehörgänge geschmeichelt. Ob man nun seinen Namen oder sein Gesicht kennt oder nicht.

Gerhard aus Tirol

DJ ÖTZI (* 7. JÄNNER 1971)

Der als Gerhard Friedle geborene Interpret zahlloser Coverversionen und Gute-Laune-Musiker, der vor seinem Durchbruch eine Krebserkrankung überstand und zeitweise auf der Straße lebte, ist nicht nur einer der international erfolgreichsten österreichischen Musiker der Gegenwart – mit märchenhaften Erfolgen von England bis Japan –, sondern auch eine durchwegs sympathische Erscheinung.

Alles begann im Frühjahr 2000, als Friedle als Anton oder DJ Ötzi die deutschen und österreichischen Charts mit dem Lied „Anton aus Tirol" stürmte. Das Lied hielt sich 75 Wochen lang in der österreichischen Hitparade und ist bis heute die meistverkaufte Single des Landes. Die Wahl seiner Lieder mutet dennoch manchmal seltsam an. Neben Soft-Pop wie „Hey Baby" und Volksmusik wie „Ein Stern" coverte Friedle auch ein Kinderlied („I am the Musicman") und lieferte mit dem „Burger-Dance" eine recht eigenwillige Interpretation eines in Kindergärten gern gesungenen, ursprünglich marokkanischen Liedes namens „Aram Sam Sam".

Blau-orange gestreift
DÖRFLER, GERHARD (* 29. MAI 1955)

Gerhard Dörflers Lebenswerk ist ja noch nicht beendet und seine politische Karriere soll hier nicht eingeschätzt werden. Jedenfalls hat er neben einigen veritablen Leistungen als Landeshauptmann von Kärnten (Einigung im Ortstafelstreit) und einem überraschenden Schwenk (nach der Forderung der Abschaffung des Bundesrates ist er nun selbst ein solcher, um sich, wie er meinte, die Sache einmal von innen anzusehen, bevor er einen neuen Anlauf nimmt, sein nunmehr arbeitsgebendes Gremium abzuschaffen), zweifellos auch einige Skurrilitäten zu verantworten. Vor allem in Sachen Werbegeschenke seiner Partei sowie verschiedene Seltsamkeiten rund um das Andenken an Jörg Haider (➠ **Kapitel „Word-Rap"**). Besonders schön ist aber eine Geschichte, die ihm den Eintrag in dieses Buch beschert: In seiner offiziellen Funktion leistete er den ersten Spatenstich beim Bau der Lavanttal-Brücke. Und ließ, ganz im Dörfler-Stil, zu diesem Anlass tausend weitere Spaten an die Zuseher verteilen. Das Schöne aber war, dass er in das Fundament blauen Beton eingießen ließ. Seine Parteifarbe zu dieser Zeit. Da die sich aber im Laufe der Bauzeit änderte, reagierte er prompt ... und ließ die letzten Brückenmeter in Orange betonieren.

... oder doch Lisi?

ELISABETH, KAISERIN (* 24. DEZEMBER 1837, † 10. SEPTEMBER 1898)

Unter sämtlichen Habsburgern, geborenen wie angeheirateten, war wohl keine Person kurioser als Kaiserin Elisabeth. Es gibt unendlich viele Möglichkeiten, sich ihrer Person zu nähern. Und jede dieser Annäherungen wird wohl einen Anteil ihrer vielfältigen Persönlichkeit offenbaren. Aber eben nur einen Anteil. Die Annäherung in diesem Buch ist, no na, eine schräge. Und da gibt es in ihrem Fall natürlich reichlich Beute.

Das beginnt bei ihrem Namen. Wie die als Elisabeth Amalie Eugenie von Wittelsbach, Herzogin in Bayern, Geborene tatsächlich genannt wurde, ist bis heute unklar. „Sissi" jedenfalls sicher nicht, auch wenn sie bis heute besonders häufig unter diesem Namen vermarktet wird. Das Doppel-s  wird immerhin zunehmend von der aus ihrer Unterschrift in privaten Dokumenten abgeleiteten Schreibweise „Sisi" abgelöst. Eine eher ungewöhnliche Abkürzung, die auch immer häufiger angezweifelt wird. So gibt es (seit etwa 1998) die These, dass der erste Buchstabe von Elisabeths Unterschrift kein „S", sondern einfach ein geschwungenes „L" darstellt. Ergo „Lisi". Es gibt auch Hinweise darauf, dass sie in ihrer Jugend viele Spitznamen hatte und auch „Setha", „Beta" und „Sissy" gerufen wurde.

Wie auch immer, jedenfalls heiratete Elisabeth im zarten Alter von 16 Jahren den Kaiser Franz Joseph (☞), ihren Cousin ersten Grades. Für ihren Polterabend steuerte ihr Vater Max, der selbst zu unkonventionellem Verhalten neigte und oft durch die Welt reiste, ein Kleid bei, das er im Orient gekauft hatte. Es ist mit arabischen Schriftzeichen versehen, die übersetzt bedeuten: „Herr, welch schöner Traum". Es kann heute in dem den Kaiserappartements vorgelagerten „Sisi Museum" in der Hofburg bewundert werden. Die Heirat, vermutlich eine Mischung aus Verliebtheit und (wie sie selbst schrieb) Eitelkeit, begann sie bereits zwei Wochen nach der Hochzeit zu bereuen.

Elisabeth legte sehr viel Wert auf ihre Schönheit, schminkte sich aber aus Prinzip nicht (und ließ sich auch nicht schminken). Dabei war sie auf ihre Haare besonders stolz. Sie ließ sie nie abschneiden, weshalb sie bei ihrem Tod bis zum Boden reichten und stolze fünf Kilogramm wogen. Diese Pracht zu frisieren dauerte täglich zwei bis drei Stunden. War es Zeit, sie zu waschen, wurde dafür ein ganzer Tag veranschlagt. Dafür wurden ganze zwölf Eidotter verwendet. Zu den Eiern passend ein anderer Fakt: Elisabeth badete auch gern in Milch. Als sie mit dem eigenen

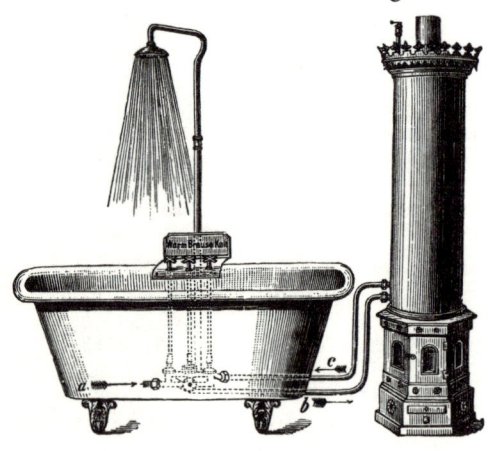

Spiegelbild nicht mehr zufrieden war, ließ sie sich nicht mehr fotografieren. Das letzte offizielle Foto stammt aus dem Jahr 1869.

Abgesehen von der persönlichen Schönheit achtete Elisabeth auch immer auf perfektes Äußeres. So ließ sie im Sattel sitzend das Reitkostüm festnähen, damit es keine unerwünschten Falten werfen konnte. Dafür besaß ihre Schneiderin eigens eine Pferdeattrappe mit Damensattel, um den perfekten Sitz jedes Kleides testen zu können. Bei einer Körpergröße von beachtlichen 172 Zentimetern hatte sie einen Taillenumfang von nur 46 bis 50 Zentimeter und wog selten mehr als 50 Kilogramm – falls doch, fühlte sie sich „dick wie eine Tonne". Dann war Diät à la Sisi angesagt: Über Wochen gab es dann nur Veilcheneis und aus gepresstem Kalbfleischsaft gekochte Brühe. Sie kontrollierte ihr Gewicht dreimal täglich und ließ es in eine Liste eintragen.

Das alles blieb nicht ohne Folgen: In den 1890er-Jahren stellte ein Arzt an ihr Hautschwellungen (besonders an den Knöcheln) fest und diagnostizierte – korrekt – Hungerödeme.

Im Gegensatz zum sonstigen Gesundheitswahn rauchte sie sogar in der Öffentlichkeit, was als extrem unschicklich galt und sogar für Skandale sorgte. Genierer kannte sie keinen und benutzte oft auch unverblümt ihre Menstruation als Ausrede, um öffentlichen Verpflichtungen zu entgehen. Entgegen dieser offensiven Verhaltensweisen war Elisabeth im persönlichen Kontakt eher schüchtern und schweigsam.

Wie ihr Vater und später ihr Sohn reiste sie viel und gern. Etwa häufig zu Jagdausflügen nach England. Dort nahm sie auch an Fuchsjagden und Parforceritten teil, die sie oft – aufgrund ihres täglichen, stundenlangen Trainings – gegen ihre männlichen Mitstreiter gewann. Ihr ganzes Leben lang schrieb sie Gedichte. Als Dichterin nannte sie sich „Titania". Und als logische Konsequenz ihren Gemahl „Oberon". Oder auch „grauen Esel". Mit 50 verliebte sie sich wie ein Schulmädchen in den Dichter Heinrich Heine, der zu diesem Zeitpunkt allerdings schon seit 30 Jahren tot war. Sie nannte ihn „Meister" und sich seine „Jüngerin", glaubte mit seiner Seele in Kontakt zu stehen. Wie er liebte sie Griechenland, besuchte es häufig und wurde aufgrund ihres hohen Marschtempos (etwa bei Besichtigungen) von den Griechen auch „die Eisenbahn" genannt. Ihre Hofdamen wurden deshalb stets nach ihrer Marschfähigkeit ausgewählt.

Sie liebte die See und fuhr besonders gern bei Sturm aufs offene Meer und ließ sich dann an Deck auf einem Stuhl sitzend am Mast festbinden, um den Naturgewalten besonders nahe zu sein. Aus derselben Liebe heraus ließ sie sich auch einen Anker auf die Schulter tätowieren. Die vermutlich einzige Tätowierte der Familie Habsburg, abgesehen von Thronfolger Franz Ferdinand (➨). Kaiser Franz Joseph nahm das, wie so viel anderes, seufzend zur Kenntnis. Nach dem Selbstmord ihres Sohnes Rudolf (➨) 1889 trug Kaiserin Elisabeth bis an ihr Lebensende (1898) schwarze Kleidung. Ausnahmen bildeten nur festliche Anlässe wie die Hochzeit ihrer Tochter Marie Valerie, bei der Sisi in einem taubengrauen Kleid erschien.

Erst ihre Ermordung in Genf machte sie in der Monarchie nachträglich zum Star, denn für die ständig abwesende Kaiserin interessierte sich (in Österreich) kaum jemand. Die Ungarn liebten „ihre Königin" jedoch heiß und tun das zum Teil noch heute. Neben vielem anderen war Kaiserin Elisabeth auch Großmutter von 15 Enkeln, von denen neun noch zu Lebzeiten geboren wurden. Dass viel – herzlicher – Kontakt zu ihrer Oma bestand, darf aber aufgrund der Vita der Kaiserin eher nicht angenommen werden.

Im erwähnten „Sisi Museum", übrigens nicht das einzige ihr gewidmete, werden viele Gegenstände aus ihrem Leben ausgestellt. So auch ihr privates Milchglas, das sie auch auf Reisen mitnahm, das oben erwähnte Polterabendkleid, die Feile, mit der sie ermordet wurde … Eines der Stücke wurde, wohl in pädagogischer Absicht, mittlerweile entfernt: das Kokainbesteck der Kaiserin, die diese damals noch nicht als Droge geltende Substanz auf Anordnung ihrer Ärzte regelmäßig zu sich nahm.

Vieles davon gelangt durch die Kaiserhaus-Versteigerungen des Wiener Dorotheums in die Öffentlichkeit. Wie auch „Sisis Stolperstein" – ein unscheinbarer schwarzer Stein, über den Kaiserin Elisabeth während eines Aufenthalts in Santorin stolperte und den sie aufhob und aufbewahrte. Der Stolperstein ist an zwei Seiten beschliffen und diente der Kaiserin bis zu ihrem Tod als Briefbeschwerer. Oder fünfzehn Rezeptscheine der Kaiserin, ein Paar ihrer Strümpfe sowie das Höhenmessbarometer, das sie immer – auch zum Zeitpunkt ihrer Ermordung am Genfersee – um den Hals trug.

Ihren heutigen Ruhm verdankt Elisabeth natürlich vor allem den „Sissi"-Filmen. Aber auch ernsthaften Aufarbeitungen ihrer Persönlichkeit wie im grundlegenden Werk von Brigitte Hamann. Und in den letzten Jahrzehnten vor allem dem Musical „Elisabeth", einer gekonnten Kreuzung aus beiden genannten Werken. Das Musical erhöhte Elisabeths Strahlkraft und erweiterte sie beträchtlich, etwa bis in die Länder des fernen Ostens.

Noch zu ihren Lebzeiten wurde übrigens der Asteroid Nr. 182 „Elsa" genannt. Und auch die wienerische Bezeichnung „Liesl" für das Wiener Polizeipräsidium geht auf Sisi zurück – und zwar aufgrund der damaligen Adresse des Polizei-Gefangenenhauses auf der Elisabethpromenade (heute Roßauer Lände). Im Übrigen hat der Autor dieses Buches seinen Nachnamen (indirekt) der Kaiserin zu verdanken, aber das ist eine andere Geschichte.

Morgengymnastik mit dem Pfau

FALCO (* 19. FEBRUAR 1957, † 6. FEBRUAR 1998)

Falco, als einziger Überlebender von Drillingen als Johann „Hans" Hölzel geboren, gehört neben Wolfgang Amadeus Mozart (☞ Kapitel „Word-Rap"), Arnold Schwarzenegger (☞) und – seit Neuestem – Felix Baumgartner zu den wenigen Namen real existierender Österreicher, die man international nennen kann, um unverständigen Weltbewohnern zu erklären, woher man eigentlich kommt und dass Austria nicht die Abkürzung von Australia ist. Oder überhaupt spontan erfunden. Tipp: Wenn diese Namen auch nichts nützen, versuchen Sie es am besten mit „Sound of Music" (☞ Familie Trapp)!

Dieser international nachhaltige Ruhm hat auch seine Berechtigung. Falco war ein Popstar der Weltbühne und wurde auch als solcher wahrgenommen. Er füllte diese Rolle perfekt, schon einige Zeit bevor er ihr wirklich gerecht wurde, weshalb er gelegentlich auch später noch im eigenen Land ein wenig unterschätzt und belächelt wurde. Sein Leben war turbulent, erfolgreich, film- und bühnenreif (siehe weiter unten) und, ja, bedeutsam. Dennoch hier im Sinne des Buches nun weniger die Highlights seiner Karriere, sondern mehr die kleinen (und großen) verborgeneren und kurioseren Fakten.

Falco war nicht immer ein Solist, im Gegenteil, er „diente" sich sozusagen durch die heimische Szene. Er war Mitglied einer Amateurband namens „Umspannwerk", der „Hallucination Company" von Wickerl Adam und von „Drahdiwaberl", mit denen sein erster Hit „Ganz Wien" entstand. Außerdem war er längere Zeit Teil der Kommerzband „Spinning Wheel", bei der er, nach eigenen Aussagen, viel über Professionalität lernte, und wirkte auch bei den letzten fünf Konzerten der intergalaktischen Disco-Truppe Ganymed (☞ **Kapitel „Austrotops"**) mit. Allerdings gummimaskenlos. Auch später noch hatte er Cameo-Auftritte. So trat er manchmal als Überraschungsgast bei Konzerten von Opus (☞ **Kapitel „Austrotops"**) auf und spielte bei deren Nummer „Flying High" den Bass. Umgekehrt hatten auch Opus bei der Falco-Platte „Junge Roemer" im Background mitgewirkt. Eines der zahllosen (eher unbekannten) Crossovers des Austropops. Sein Künstlername geht auf den DDR-Skispringer Falko Weißpflog zurück, der ebenfalls oft als „Falke" bezeichnet wurde.

Später änderte Hölzel dann aber die Schreibweise in „Falco" und trat auch zeitweise als „Falco Gottehrer" und „Falco Stürmer" auf.

Falcos Nummer 1 in den US-Charts 1986 ist nicht zu unterschätzen, auch wenn er nicht als erster Österreicher darin vertreten war (☞ **Kapitel „Austrotops"**). Sein Nummer-1-Hit war übrigens „Rock Me Amadeus" und nicht, wie oft irrtümlich angenommen wird, „Der Kommissar". Die Nummer war zwar auch schon ein Welthit, er selbst schaffte es damit in den USA jedoch „nur" auf Platz 72. Allerdings fand sich die Nummer dort noch einmal, viel höher in den Charts – aber als Coverversion: 1983 erreichte die britische Band „After the Fire" mit ihrer (in Englisch gesungenen) Version immerhin Platz 3. Das Lied hieß dennoch „Der Kommissar" und hat deutsche Teile, wie das Einzählen am Anfang und den Sprechpart „Alles klar, Herr Kommissar?".

1986 war Falcos eigener Erfolg mit „Rock Me Amadeus" in den USA aber noch deutlich beachtlicher. War er doch der erste

deutschsprachige Künstler, der beide großen US-Hitparaden („Billboard Hot 100" und „Cashbox Top 100 Singles") anführte. Vor ihm hatte es überhaupt erst ein auf Deutsch gesungenes Lied („Autobahn" von Kraftwerk) in die amerikanische Hitparade geschafft. Damit nicht genug, erreichte er mit „Rock Me Amadeus" auch noch Rang 6 in den (schwarzen) „Billboard Top R&B Singles Charts", damals noch recht eindeutig „Black Single Charts" genannt. Eine für einen weißen Künstler extrem seltene Platzierung. In diesen Bereichen bewegten sich vor ihm nur andere Ausnahmekünstler wie Blondie und nach ihm Eminem. Noch etwas: Falco war der einzige Musiker, der die US-Charts mit einer deutschsprachigen Musiknummer anführte. Auch „99 Luftballons" von Nena schaffte es „nur" auf Platz 2. Sein Album „Falco 3" erreichte parallel den Platz 3 der „US-Billboard 200".

Als in den 1980er-Jahren die Aerobicwelle grassierte, wurde Falco auf Ö3 für eine Weile zum Fitnesstrainer der Nation und präsentierte, ja, rappte täglich in der Früh im Radio eine Fit-

ness-Übung. Quasi die männlich-moderne Alternative zur Mor-
genturnerin der Nation, Ilse Buck (☞ Kapitel „Word-Rap").

Eine weitere Adelung erfuhr Falco durch seinen Auftritt in
der „Peter-Alexander-Show", der damals populärsten TV-Show
des deutschsprachigen Raums. Vielleicht verdankte er diesen
Auftritt auch der Tatsache, dass er anlässlich der „Austro Hit
Gala" 1984 Peter Alexanders „Hier ist ein Mensch" zum Besten
gab, stilgerecht im schwarzen Anzug. Bei seinem Gastauftritt in
der Show (Titel: „Wir gratulieren", Sendedatum: 28. November
1985) durfte Falco zuerst „Vienna Calling" singen, um dann mit
Alexander zusammen ein Nonsens-Medley „der dümmsten Me-
lodien" und schließlich das Wienerlied „Zwa Fiedeln, a Klamp-
fen, a Maurerklavier" zu intonieren.

Zu seinen Lebzeiten wurden insgesamt 60 Millionen Tonträger mit Falcos Musik verkauft.

Sein Unfalltod (1,5 Promille Alkohol, große Mengen Kokain
und Marihuana im Blut sprechen gegen die manchmal geäu-
ßerte Selbstmordthese; obwohl andererseits irgendwie auch wieder dafür ...) bedeutete aber bei
Weitem nicht das Ende seiner
„Karriere". Zumindest was den
(Nach-)Ruhm betrifft, folgte erst
so mancher Höhepunkt. So
benannte Niki Lauda, der mit
ihm befreundet war, noch im
Jahr 1998 eine seine Lauda-Air-
Maschinen (eine Boeing 737)
nach Falco. Ebenfalls schon kurz
nach seinem Tod wurde als
Hommage das Lied „A Tribute

To Falco" von „The Bolland Project feat. Alida" produziert, übrigens ein Girl-Rap.

Falco ist mit vier Nominierungen nicht nur der am häufigsten postum nominierte Künstler des „Amadeus Awards", sondern mit vier Siegen auch gleich der am häufigsten postum ausgezeichnete. 2003 wurden einige Stufen im fünften Wiener Gemeindebezirk vom Ende des Naschmarkts hinunter zur Rechten Wienzeile offiziell „Falcostiege" benannt.

Nach zahlreichen Protesten, dass eine Stiege allein nicht ausreiche, um ihn zu würdigen, wurden 2009 schließlich 250 Meter Wegstrecke innerhalb der einst auch von ihm bewohnten Rennbahnsiedlung (eigentlich ein Gehweg ohne Hausnummern) auf den Namen „Falcogasse" getauft. Umgeben vom Drahdiwaberlweg (!), dem Hugo-Wiener-Weg und dem Mira-Lobe-Weg. Die Hölzelgasse in Liesing dürfte dagegen eher ein Flurname sein.

Ihm zu Ehren wurden gleich zwei Bühnenshows („F@lco – A Cyber Show" und das Musical „Falco meets Amadeus") 2000 uraufgeführt. In Gars am Kamp steht eine Falco-Statue und sein Grab in der Gruppe 40 (Ehrengräber vor allem aus dem Kunst- und Medienbereich) am Wiener Zentralfriedhof, eine Art riesiger Flügel aus Glas mit seinem Bild neben einem Obelisken und weiteren Steinen, ist eines der außergewöhnlichsten der letzten Jahre und Jahrzehnte. Auch die nach seinem Tod erschienenen CDs erzielten beachtliche Erfolge. So brachte es das Ende 2009 erschienene Album „The Spirit Never Dies" (mit teilweise bisher unveröffentlichten Nummern) in Deutschland auf Gold- und in Österreich auf Platin-Status.

2008 wurde seine Lebensgeschichte unter dem Titel „Verdammt, wir leben noch" verfilmt, indem aktuelle österreichische Musiker frühere österreichische Musiker spielten. Wie Sänger und Schauspieler Manuel Rubey in der Hauptrolle als Falco sowie Rubeys damalige Band „Mondscheiner" als „Hallucination Company". Weitere real existierende Personen und ihre Darsteller: Robert Ponger (Julian Sharp), Thomas Rabitsch (Christoph von Friedl), Markus Spiegel (Nicholas Ofczarek), Stefan Weber (Karl Künstler), Hansi Lang (Markus Mössner) und Wickerl Adam (Stefan Bernhard).

Letzterer, der echte Ludwig „Wickerl" Adam, dessen „Hallucination Company" sich nicht primär als Band, sondern als ernsthaftes Theater verstand und daher, wie am Theater so üblich, auch manchmal mit Auflockerungsübungen arbeitete, erinnerte sich in einem Interview einmal an eine Tier-Improvisation: „Falco war ein Pfau – er war immer ein Pfau!"

AUSTROTOPS

Fragt man nach einem heimischen Popmusiker mit internationaler Bedeutung, fällt jedem sofort Falco (☞) ein. Und mit was? Mit Recht. Dennoch ist Johann Hölzel bei Weitem nicht der einzige österreichische Pop-Musiker von Weltrang. Falco war nicht einmal, wie viele glauben, der einzige Österreicher, der es jemals in den USA auf Platz 1 schaffte. Ja, er war nicht einmal der erste. Genauer gesagt, war er der dritte.

Der erste war nämlich Anton Karas. Der war zwar nicht wirklich ein Pop-Musiker, aber sein auf der Zither vorgetragenes „Harry Lime Thema" aus dem Film „Der dritte Mann" erreichte tatsächlich Platz 1 der „US Billboard Charts", die er 1950 elf Wochen lang anführte, und das sich ungefähr 500.000 Mal verkaufte. Die Verkaufszahlen der Coverversionen des Liedes (unter anderem von Guy Lombardo, Herb Alpert, The Band und The Shadows) addieren sich nach Schätzungen bis heute auf 40 Millionen Exemplare. Diese einzige bedeutende Melodie, die der Heurigenmusiker Karas tatsächlich selbst komponierte, ist bis heute weltweit bekannt und hatte auch nachhaltige Wirkung. Die unmittelbarste: Das Lied führte zu einem deutlichen Anstieg der Zither-Verkäufe. Außerdem begründete der Erfolg der Platte die Tradition, Musik aus Filmen als Singles auszukoppeln, ein heute kaum mehr wegzudenkendes Marketinginstrument (man denke nur an die Bond-Filme). Die „Dritte Mann"-Melodie, genauer das „Harry Lime Thema", erklingt auch täglich beim Abfahren der Züge aus der Tokyoter Bahnstation Ebisu. Übrigens, sogar die Beatles haben die Melodie von Karas einmal aufgenommen, aber nie veröffentlicht.

Die zweite Person aus Österreich, die es auf Platz 1 in den USA schaffte, war Gertrude Wirschinger (* 1946), besser bekannt unter ihrem Künstlernamen Penny McLean. Als solche war sie eine Zeitlang eine international erfolgreiche Disco-Sängerin – mit Hits wie „Lady Bump" und „1, 2, 3, 4 … Fire!". In die USA schaffte sie es solo damit aber nicht. Wohl aber als Bestandteil der Damen-Band „Silver Convention", mit der sie 1975 mit „Fly Robin Fly" Platz 1 in den US-Charts errang. Elf Jahre vor Falco. Ihre Nachfolge-Nummer „Get Up And Boogie" erreichte immerhin auch noch einmal den US-Chart-Platz 2. Hinter der Band standen übrigens Udo-Jürgens-Texter und Musical-Übersetzer Michael Kunze sowie der Komponist Sylvester „Silver" (sic!) Levay – gemeinsam auch als Autorenteam der VBW-Musicals „Elisabeth", „Mozart!" und „Rebecca" bekannt. Tja, die Welt ist klein. Von den beiden stammt übrigens noch ein weiteres austro-monarchistisches Musical namens „Marie Antoinette", das aber bisher nur in Japan und Deutschland zu sehen war. Doch zurück zu Penny McLean. Mittlerweile ist Frau Wirschinger weniger für ihre frühen Pop-Erfolge bekannt als für ihre Bücher über Numerologie und Schutzgeister. Mit Titeln wie „Kontakte mit deinem Schutzgeist" oder „Einsamkeit ist eine Sehnsucht" (?).

Nach Falco schafften es zwar noch einige Musiker aus Österreich in diverse US-Charts, aber keiner mehr auf einen relevanten Platz der Hauptkategorie „Billboard Charts". Außer die „Bingo Boys", die mit „How To Dance" 1991 (auch sensationell) den Platz 1 der „Dance Charts" erreichten sowie gleichzeitig den Platz 25 der „Billboard Charts". Weiters hatte Peter Wolf im Laufe seiner Karriere acht US-Nummer-1-Hits, allerdings als Produzent und Komponist.

Damit sind die internationalen Erfolge – und damit ist über den deutschen Sprachraum hinaus gemeint – heimischer Musiker aber noch lange nicht abgehakt. Nein, Österreich hat mehr internationale Stars, als man gemeinhin glaubt.

Zu diesen zählen auf der kuriosen Seite Sänger wie DJ Ötzi und auf der seriösen Chansonniers wie Udo Jürgens, zu beiden mehr in ihren Einzeleinträgen.

Ein schon etwas älterer internationaler Erfolg versammelte fast die ganze damalige Szene, obwohl nur das Frontduo „Waterloo & Robinson" dafür den Ruhm erntete. Im wirklichen Leben: Hans Kreuzmayr und Josef Krassnitzer. Das Jahr: 1974. Das Lied: „Hollywood". Der Erfolg: weltweit (ein Hit in 70 Ländern), unter anderem erreichte der Song den Platz 1 der brasilianischen Hitparade, wo er acht Monate in den Top 10 blieb. Abgesehen von den Frontmen werkten an diesem Hit aber noch einige andere illustre Namen mit. Geschrieben und getextet wurde es (an nur einem Abend) von Österreichs Schatten-Papst des Austropop Christian Kolonovits, der auch am Klavier zu hören ist. Den Bass spielte Kurt „Supermax" Hauenstein. Und als Chor ist die sonst eher links-politische Protestsongband „Die Schmetterlinge" zu hören. Die Single (aufgenommen auf einem Zweispur-Tonband, alias Revox) verkaufte sich weltweit 3,5 Millionen Mal, ein erst durch Falco gebrochener österreichischer Rekord. „Hollywood" war in Österreich ebenfalls sehr erfolgreich. Die Platte wechselte sich 1974 mit einer zweiten Single der Band, „Baby Blue", in der damals durch Postkarten bestimmten ersten Ö3-Hitparade schier unendlich lange auf Platz 1 und 2 ab, sodass die Hitparade aufgrund dessen einfach eingestellt wurde. Eine neue Ö3-Hitparade wurde erst 1980 wieder eingeführt. Hans Kreuzmayr firmierte zeitweise nicht nur als Waterloo, sondern auch als

Winnetou – in seiner Zeit als Nebenerwerbsindianer bei den Karl-May-Festspielen in Winzendorf. Das bereits 1969 gegründete Duo hatte auch noch viele weitere Erfolge, belegte mit „My Little World" den beachtlichen Platz 5 beim Song Contest (☞ Kapitel „Merci, Jury") und tritt bis heute auf. 2002 schaffte es es mit einer Cover-Version eines anderen Austrohits noch einmal in die Hitparade. Die Rede ist von „Live is Life", eines der erstaunlichsten und kuriosesten Werke des Austropops. Apropos „Werke": Der Name der Band, die es schuf, ist „Opus" – also das lateinische Wort für „Werk". Eine gute Alternative, nachdem der alte Bandname „Machine Gun" nicht so gut ankam. Der Welterfolg des Liedes ist zum Teil Zufall. Die 1973 gegründete steirische Band war zwar schon eine Weile aktiv – die erste LP erschien 1980 und war bereits erfolgreich und ihre Single „Flyin' High" erreichte 1982 Platz 5 in der österreichischen Hitparade –, von weltweitem Ruhm war man aber nach wie vor weit entfernt. Nach zwei weiteren Alben plante Opus schließlich, eine Live-LP zu produzieren. Also wurde 1985 ein Konzert mitgeschnitten. Da zwischendurch das Tonbandmaterial ausgegangen war und „Live is Life" nicht mitgeschnitten wurde, musste die Band das Lied als Zugabe wiederholen. Damit wurde die bereits ziemlich euphorisierte Stimmung des Publikums eingefangen und auch die Stimme des Sängers hatte einen leicht heiseren, besonderen Charakter angenommen. All das dürfte zum Erfolg des Liedes beigetragen haben. Und dieser war bombastisch. Es wurde zum Mega-Welterfolg und erreichte Spitzenpositionen unter anderem in Chile, Venezuela, England und den USA (z. B.: Österreich #1, Deutschland #1, Frankreich #1, Schweden #1, Schweiz #2, Norwegen #2, England #6, USA #32). Wobei sich offenbar niemand an dem etwas hatscherten Schulenglisch des Textes störte – oder auch an dem Titel der, nun, „korrekt" nämlich „Live is Life" lautet, was man etwa mit „Lebendig ist Leben" übersetzen könnte und müsste. Die meisten Rezipienten dürften aber eh eher „Life is Live" (das Leben ist lebendig), „Life is Life" (Das Leben ist das Leben) oder gar „Live is Live" ([Nur] „live" is „live") verstehen. Wie auch immer. Auch zahlreiche (Eigen-)Coverversionen (1994, Opus; 1997, Boney NEM; 1999, Münchner Freiheit; 2002, DJ Ötzi und Hermes House Band; 2002, Waterloo und Robinson; 2004, Sound Convoy; 2007, Manny Marc feat. Corus 86 & DJ Reckless und 2008 wieder Opus feat. Jerry) hielten und halten den Evergreen am Köcheln. Für Kontroversen sorgten die schon 1987 von „Laibach" aufgenommenen Versionen „Life is Life" und „Leben heißt Leben" (als „Opus dei"). Die Rechte an den Tantiemen sind innerhalb der Band übrigens derart zerstreut – geschrieben wurde die Nummer von Ewald Pfleger, Kurt René Plisnier, Gunter Grasmuck, Niki Gruber und Herwig Rüdisser, der das Lied auch sang –, dass sie heute noch ein ganzes Dorf ernähren. Der Name „Opus" stammt übrigens von der heutigen ORF-Radio-Journalistin Edith Bachkönig, der Schwester des ehemaligen Band-Bassisten Walter Bachkönig, der ihr damals beim Lateinvokabellernen einfiel.

Österreich mischte auch schon zuvor in der Disco-Ära fleißig mit, auch wenn das heute kaum noch wer weiß. So verkaufte die intergalaktische Disco-Combo mit dem Namen „Ganymed" 1978 weltweit 1 Million ihres auch als „Meisterstück der Disco" bezeichneten Liedes „It Takes Me Higher". Auch die Nachfolgesongs der stets in außerirdischen Gummimasken auftretenden Band wie „Music Drives Me Crazy" (1978) und „Money Is Addiction" (1980) wurden über Österreich hinaus zum Erfolg. Die zusätzlich in glitzernde Ganzkörperoveralls gehüllten Bandmitglieder trugen auch dazu passende außerirdische Namen wie Kroonk, Suk, Cak, Izl und Vendd. Die Sängerin der Band, Pulsaria, trat übrigens unmaskiert auf. Später wurden alle enttarnt und so weiß man jetzt, wie die Musiker im wirklichen Leben heißen. Nämlich Yvonne Dory (eigentlich Czerwenka), Gerry „Edmond" (eigentlich Edmund Czerwenka), Ernst Nekola, Gerhard Messinger, Daniele Prencipe und Rudolf Mille.

Etwas verruchtes Flair hauchte der Disco-Zeit „Gilla" (eigentlich Gisela Wuchinger) mit Titeln aus der Feder ihres Produzenten Frank Farian wie „Willst du mit mir schlafen gehen", „Ich brenne", „Tu' es" oder „Zieh' mich aus" ein. Mit diesen Songs befeuerte sie eine Weile die überhitzten Phantasien ihrer Fans von Wien bis Utrecht.

Deutlich ernsthaftere Musik betrieb Kurt Hauenstein, besser bekannt unter seinem Projekt- und Bandnamen „Supermax". Sein größter internationaler Hit war „Lovemachine", der heute noch als Disco-Klassiker gilt und auf Platz 96 der „US Billboard Black Charts" (!) landete. Die damals (wie eigentlich auch heute) eher ungewöhnlich multinationale Besetzung seiner Band führte unter anderem dazu, dass er 1981 nur unter Lebensgefahr und mit Personenschutz durch das damals von der Apartheid bestimmte Südafrika touren konnte. Umgekehrt wurde die Band 1983 als erste, in der auch Weiße spielten, zum „Jamaica Reggae Sunsplash Festival" eingeladen. Der bewusste Grenzgänger Hauenstein tourte 1983 auch durch die DDR. Auch in den folgenden Jahrzehnten war Kurt Hauenstein in verschiedenen Formationen und Funktionen musikalisch aktiv und trat 2006 durch einen Auftritt am Donauinselfest wieder ins heimische Rampenlicht. 2008 erhielt er den Amadeus Award für sein Lebenswerk. 2011 verstarb der Musiker überraschend.

Ein weiterer internationaler österreichischer Popstar ist ein Gymnasiallehrer für Geografie, Philosophie, Deutsch und Psychologie namens Reinhold Bilgeri. Seine ersten Erfolge erzielte er mit satirischem Blödelpop (➡ Michael Köhlmeier, Kapitel „Word-Rap"). Beinahe hätte er es sogar vor Falco zu internationalem Ruhm schaffen können, denn Falcos erster Hit „Der Kommissar" wurde zuerst Bilgeri angeboten, aber dieser lehnte die Nummer ab. Dennoch kann er für sich den Ruhm verbuchen, 1981 mit „Video Life" die erste österreichische Rap-Nummer gesungen zu haben. Sie wurde auch ein internationaler Hit und erreichte sogar in Brasilien und Argentinien Platz 1. Allein in den österreichischen Charts platzierte Bilgeri zwischen 1981 und 2005 über 15 Lieder, darunter drei weitere Nummer-1-Hits. Bilgeri brachte es auch zur Vorgruppe von „Deep Purple", „Status Quo" und „Nazareth", mit denen er durch Europa tourte. Seine eigenen Touren führten ihn rund um den Globus bis nach Südostasien. Mittlerweile ist der „Rockprofessor" hauptsächlich als Buchautor und Filmemacher tätig.

Ein weiterer internationaler Erfolg made in hier war das Projekt beziehungsweise die Band „Edelweiß". „Edelweiß" hatte mehrere Lieder und internationale Hits. Wie ihre Hit-Single „Bring Me Edelweiß" (mit dem ersten offiziell erlaubten ABBA-Sample von „SOS") 1988, die neben Österreich auch in der Schweiz und in Schweden Platz 1 erreichte. Die nächste Single „I Can't Get No (Edelweiß)" konnte 1989 nicht denselben Erfolg erzielen.

Erst „Raumschiff Edelweiß" (1992), mit der gesampelten Titelmelodie der originalen „Star Trek"-Serie, brachte der Band wieder einen internationalen Erfolg. Im parodistischen Video spielt auch TV-Multi-Moderator und Show-Gast Christian Clerici mit. Und zwar als „Yuri Cleritschekov". Mit weiteren Veröffentlichungen („Planet Edelweiß", 1992; „Ski Instructor", 1993; „Beam me up", 1993 und „Edeltaler Hochzeitsmarsch", 1997) fadete der Erfolg der Band langsam aus.

Es gibt auch andere weltweite Erfolge österreichischer Musiker abseits des engeren Pop-Umfelds, die aber nicht weniger bedeutend und oft nicht weniger kurios sind. Wie die elegischen New-Wave-Soundteppiche von „Gandalf". Der als Heinz Strobl geborene Musiker ist unter diesem Namen Produzent, Komponist und Multi-Musiker unzähliger (also gut, aktuell von 34) Alben und gehört damit zu den international erfolgreichsten österreichischen Musikern der Gegenwart. Er spielt unter anderem akustische Gitarre, elektrische Gitarre, Sitar, Saz, Charango, Bouzouki, Balaphon, Piano, Synthesizer, Keyboard und Percussion – nicht auf jeder LP alle, aber doch jedes Instrument auf zumindest einer.

Eine ganz andere Baustelle sind „Attwenger" (Markus Binder und Hans-Peter Falkner), die sich mit ihren konsequent in oberösterreichischem Dialekt gesungenen Liedern des Genres „Neue Volksmusik" (mit Hip-Hop- und Rap-Elementen) einen fixen Platz in der internationalen Weltmusikszene erworben haben. Unter anderem traten sie in Zimbabwe, Sibirien, Pakistan, Vietnam und Malaysia auf. Wobei dort kaum jemand ihre dialektalen Ein-Wort-Titel der Lieder je (richtig) verstehen wird. Teilweise sind diese auch absichtlich auf Englisch (miss)zuverstehen. Hier eine kleine Auswahl: Bian, Muamen, Bier, Orausch, Dog, Paf, Dramas, Pomaliger, Feda, Rahm, Flug, Rehn 1, Ged, Rehn 2, Gedscho, Schick, Gibim, Schtroßn, Hiaso, Summa, Huad, Sun, Kaklakariada, Tapetn, Kalender, Tour, Kosz, Wüst, Masta.

Ein anderes österreichisches Duo gilt als Trendsetter der elektronischen Musik (von Downtempo und Dub über Electronica bis Trip-Hop). „Kruder & Dorfmeister", genauer Peter Kruder und Richard Dorfmeister, auch K&D genannt, gehören unter anderem durch ihre Remixe zu den bedeutendsten internationalen Stars der österreichischen Musikszene. Wovon auch ihre (aktuell) bestehenden Wikipedia-Einträge auf Dänisch, Englisch, Spanisch, Finnisch, Französisch, Ungarisch, Italienisch, Holländisch und Portugiesisch zeugen. Zusammen kamen die beiden allerdings durch einen Zufall: Als Peter Kruder eines Tages auffiel, dass Richard Dorfmeister genauso aussieht wie Art Garfunkel auf einer „Simon & Garfunkel"-LP („Bookends"), meinte er, sie müssten unbedingt eine Platte gemeinsam machen, um dieses Cover-Foto imitieren zu können. Richard Dorfmeister: „Es war nie seriös gemeint, es wollte niemand Popstar werden, wir wollten nur ein Foto machen." Nun, es kam anders.

PS: Die österreichische Post widmete 1993 und 1994, etwas nach der Glanzzeit des Genres, drei Austro-Barden eine eigene Serie namens „Austropop". Im März 1993 erschien die Marke „Rainhard Fendrich" (öS 5,50), im September die Marke „Ludwig Hirsch" (öS 5,50) und im März 1994 schließlich die Marke „Falco" (öS 6). Aber unter uns, schön sind alle drei nicht. 2006 druckte die Post in memoriam Falco noch eine

zweite, deutlich schönere Briefmarke mit dem Thema „Rock me, Amadeus", die am ersten Verkaufstag passenderweise in einem Sonderpostamt am Wiener Zentralfriedhof erworben werden konnte.

Pneumatische Leichenpost
FELBINGER, FRANZ RITTER VON (* 8. JULI 1844, † 15. JULI 1906)

Da der Weg zum 1874 eröffneten Wiener Zentralfriedhof für damalige Verhältnisse weit (Pferdefuhrwerke) und beschwerlich (harte Winter, heiße Sommer) war, begann man schon früh mit Überlegungen, wie man die Toten schneller nach Simmering schaffen könnte. Angedacht wurden unter anderem eine eigene Eisenbahnlinie für Leichentransporte (heute hat die Schnellbahn eine Station am Hinterausgang des Friedhofs), eine eigene  „Dampf-Tramway" am Donaukanal entlang (später verkehrte tatsächlich die „Schwarze Tram" dorthin; heute nimmt man – als Lebender – den 6er oder 71er) bis hin zu einer eigenen frühen Form der U-Bahn zum Zentralfriedhof (die U3 endet heute noch ein paar Kilometer entfernt, aber wer weiß …). Einen weiteren Plan präsentierte Franz Felbinger, Techniker, Industrieller und Maler, der bereits bei der Errichtung der Drahtseilbahn auf den Leopoldsberg mitgewirkt hatte, gemeinsam mit dem Architekten Josef Hudetz. Ihre Idee: die „pneumatische Leichenbeförderung". So sollte in Innenstadtnähe eine zentrale Lagerstelle für Särge und eventuell auch eine – multikonfessionelle – Aufbahrungshalle errichtet werden. Der Weitertransport der Verstorbenen sollte dann unterirdisch, in eigens konstruierten Kapseln auf Transportwägen erfolgen. Diese Transportwägen sollten jeweils drei bis vier Särge fassen und auf Flachschienen mithilfe von Druckluft einer 150-PS-Hochdruck-Dampfmaschine in nur zehn Minuten durch die zirka viereinhalb Kilometer lange Röhre Simmering erreichen. Aus Gründen der Pietät und auch aus praktischen (wie und vor allem wie schnell konnte man eventuell steckengebliebene Verstorbene bergen?) wurde der Plan aber dann doch verworfen. Franz Felbinger modifizierte daraufhin seine Idee und verkaufte sie schließlich erfolgreich … an die Wiener Post. Schon 1875 ging die „pneumatische Rohrpostanlage" in Betrieb. Felbinger erhielt nun viele weitere Aufträge für Rohrpostnetze (darunter auch aus Berlin, Hamburg und München) und Hauspostanlagen. Das Wiener Netz wurde später immer weiter ausgebaut und noch über das offizielle Einstellungsdatum 1956 hinaus, lang nach seinem 100-Jahr-Jubiläum, vereinzelt genutzt. Felbinger war später auch Pionier des elektrischen Lichts, der Obstkonservierung sowie der Hühner- und Schweinemast – bis er sich schließlich der Malerei zuwandte, wo er ebenfalls Anerkennung und Erfolg erntete.

Ein Quantum Selbstironie
FERDINAND I., KAISER (* 19. APRIL 1793, † 29. JUNI 1875)

Kaiser Ferdinand I., der unmittelbare Vorgänger von Kaiser Franz Joseph (☞→), war auch unter einigen Beinamen bekannt. Sie lauteten (offiziell) „Ferdinand der Gütige" und (inoffiziell) unter anderem „Gütinand der Fertige". Seine angeborene Epilepsie, Rachitis, sein Hydrocephalus und eine augenscheinlich eher schwache Helligkeit in der viel zu großen Birne waren aber nicht weiter tragisch, weil er ebensowenig wie sein Vater und Vorgänger, der Blumenkaiser

Franz II./I. (➤), tatsächlich regierte. Nach den Aufständen 1848 wurde Ferdinand quasi als Bauernopfer in den Ruhestand geschickt. Und er begann sich, nun, als Großbauer zu betätigen. Und hat sein Gehöft – also eigentlich die Güter von Napoleons Sohn (➤ **Napoleon Franz Bonaparte, Herzog von Reichstadt**) – recht geschickt geleitet und ein ansehnliches Vermögen erwirtschaftet, das später sein Neffe Franz Joseph (➤) erbte. Vor seiner Umbenennung hieß der Wiener Schwedenplatz Kaiser-Ferdinands-Platz. Überliefert sind von Ferdinand zahlreiche Anekdoten und Aussprüche, von denen die meisten jedoch nicht wirklich verbürgt sind. So soll er als Prinz anstatt zu lernen lieber in einem leeren Papierkorb über die Böden des Palastes gerollt sein. Bereits als Kaiser soll er einmal, mit dem Essen unzufrieden, laut mit den Worten „Ich bin der Kaiser und will Knödel!" aufbegehrt haben. Als er 1848 von der Revolution erfuhr, überlegte er laut: „Jo, derfn s' denn des?". Um nach der Unterschrift unter seiner Abdankung zu bemerken: „Gern g'schehn." Wie viel von seinen Aussprüchen tatsächliche „Geistesschwäche" (immerhin sprach Ferdinand fünf Sprachen, konnte reiten, fechten und schießen, spielte zwei Instrumente und kannte sich unter anderem in technischen und landwirtschaftlichen Dingen gut aus) und wie viel mit einem Quäntchen Selbstironie versehen war, wird man wohl nie erfahren. Letzteres ist jedenfalls nicht ganz auszuschließen, wie sein im Ruhestand getätigter Kommentar zum verheerenden Ausgang der Schlacht von Königgrätz vermuten lässt. Der lautete nämlich: „So hätt' ich's auch getroffen."

Der doppelte Franz

FRANZ II./I., KAISER (* 12. FEBRUAR 1768, † 2. MÄRZ 1835)

Franz Joseph Karl, so sein voller Name, brachte das Kunststück zuwege, zugleich ein letzter sowie ein erster Kaiser zu sein. Weshalb er kurioserweise als wohl einziger Kaiser weltweit immer mit zwei unterschiedlichen römischen Zahlen als Franz II./I. geführt wird. Einerseits war er nämlich als Franz II. der letzte Kaiser des „Heiligen Römischen Reiches". Als solcher erklärte er dieses als „erloschen", um Napoleon daran zu hindern, diesen Titel an sich zu reißen. Die Konsequenz war, dass Napoleon „nur" zum Kaiser der Franzosen wurde und Franz für sich einen neuen Titel, nämlich den des Kaisers von Österreich, erfand, ergo Franz I. (Korrekt war das zeitlich umgekehrt und Franz war zwei Jahre lang „Doppelkaiser".) Dieser Schritt führte infolge zu einer Art Abwertung und Inflation des Kaiserbegriffs, denn auf einmal hatte auch Deutschland einen. Wo früher ein Kaiser über und neben vielen Königen thronte, gab's nunmehr Kaiser im Dutzend billiger. Besonders wenn man den russischen Zaren und Königin Victoria, die Kaiserin von Indien war, dazuzählt.

Abgesehen von dieser Kaiser-Rochade war Franz politisch unbedeutend und auch uninteressiert. Er überließ die Regierungsgeschäfte Fürst Metternich und widmete sich lieber seinen Hobbys. Und die Frage ist durchaus berechtigt, ob er hier nicht sogar Nachhaltigeres geleistet hat. So war er ein begnadeter Botaniker aus Leidenschaft, errichtete und öffnete den Volksgarten für die Wiener, gestaltete fast alle Schlossgärten im Großraum Wien selber und veranlasste weltweite Naturforschungen. Vier Millionen Bögen mit getrockneten Pflanzen im Naturhistorischen Museum gehen direkt auf ihn zurück. Deshalb war er auch als „Blumenkaiser" bekannt. Sowie als „Kaiser Franz, der Gute". Außerdem geht die Nationalbibliothek auf ihn zurück: Der Grundstock des Hauses besteht aus 40.000 Büchern aus dem Privatbesitz des Kaisers.

Eine weitere Besonderheit waren auch seine vielen Ehen. Er brachte es zwar nicht auf sechs wie Heinrich VIII., sondern „nur" auf vier, dafür half er dem Verscheiden seiner Gattinnen wenigstens nicht selbst nach. Weder durch Scheidung noch durch Hinrichtung. Vielmehr verstarben seine ersten drei Frauen an Krankheiten. Elisabeth Wilhelmine von Württemberg-Mömpelgard starb bei der Geburt des ersten Kindes, Kaiserin Maria Theresia (nicht *die*) starb bei der Geburt des 12. (!) Kindes, Kaiserin Maria Ludovica Beatrix starb kinderlos an Tuberkulose. Seine vierte Frau, Kaiserin Karolina Augusta, blieb ihm länger erhalten und er soll, als er sie das erste Mal sah, angesichts ihres blühenden Aussehens erfreut gesagt haben: „Dann hab' ich nicht in ein paar Jahren gleich wieder eine Leich'!"

Tatsächlich überlebte Karolina Augusta den Kaiser um 38 Jahre.

Schießwütiger Gärtner
FRANZ FERDINAND, ERZHERZOG (* 18. DEZEMBER 1863,
† 28. JUNI 1914)

Der in Sarajevo ermordete Thronfolger Franz Ferdinand war gelinde gesagt eine zwiespältige Gestalt und wäre er nicht vor der Thronbesteigung umgekommen, wäre ihm durchaus zuzutrauen gewesen, dass er als Kaiser den Ersten Weltkrieg dennoch ausgelöst hätte. Wie sein Onkel, der Kaiser, war auch Franz Ferdinand

ein passionierter Jäger. Obwohl in seinem Fall pathologischer Jäger eher zutrifft. Er wollte unbedingt der Mensch mit den höchsten Abschusszahlen werden. Franz Joseph (☞) brachte es in 86 Lebensjahren auf offiziell verzeichnete 50.520 Abschüsse, Franz Ferdinand in seinen 49 Lebensjahren auf atemberaubende 274.889 erlegte Stück Wild. So nutzte er auch seine zweijährige Weltreise (ab 1892) zur Verbesserung seiner Statistik und schoss dabei auf alles, was sich bewegte. Er erlegte dabei auch Tiger, Löwen und Elefanten. In Indien übte er sich auch im sogenannten „Picksticking" oder „Pigsticking", einer Jagd auf Wildschweine mit Speeren hoch zu Ross. Sein „Jahresrekord" an geschossenen Tieren lag 1911 bei 18.799 Tieren, sein „Tagesrekord" an einem Tag im Juni 1908 bei 2763 – Lachmöwen. Seine Trophäensammlung ist bis heute erhalten.

Franz Ferdinand war dabei aber nicht nur ein Abknaller ihm zugetriebenen Wildes, sondern tatsächlich auch ein begnadeter Schütze und galt als einer der besten der Welt. So beherrschte er den klassischen Trick, in die Luft geworfene Münzen im Flug zu treffen. Und als er einmal krankheitshalber im Garten auf einem Liegestuhl ruhen musste, stutzte er nach Anweisungen des Gärtners mit seiner Pistole einen Baum zurecht.

Die Weltreise war für einen Habsburger von damals ungewöhnlich, diente aber neben gesundheitlichen auch propagandistischen Zwecken. Daher führte Ferdinand auch ein Tagebuch, das explizit zur Veröffentlichung gedacht war, das unter dem Titel „Tagebuch meiner Reise um die Erde" erschien und aus heutiger Sicht historisch wenig Wertvolles, dafür aber einiges Peinliche und Rassistische beinhaltet. Er besuchte unter anderem Indien, Japan, Australien und Nordamerika. Es gibt zahlreiche Fotos von dieser Reise.

Doch auch ein rebellisches Gen dürfte Franz Ferdinand besessen haben, was unter anderem die „morganatische Ehe" des Erzherzogs beweist. Seine Gattin war zwar keineswegs bürgerlich, sondern eine echte Gräfin. Sophie aus dem alten Adelsgeschlecht derer von Chotek war also durchaus adelig (in Ungarn und Böhmen sogar thronberechtigt), aber trotzdem nicht adelig genug für einen Habsburgerprinzen. Das hatte mehrere Konsequenzen: Es wurde in einem kleinen Schloss in Böhmen unter geringer Teilnahme der Verwandtschaft geheiratet, Sophie wurde offiziell nicht als die „künftige Kaiserin-Gemahlin", sondern als die „Gemahlin des künftigen Kaisers" bezeichnet. Franz Ferdinand blieb zwar erbberechtigt, seine Nachkommen waren aber von der Thronfolge ausgeschlossen. Damit nicht genug: Nach dem Doppelmord an dem Paar in Sarajevo wurden zwar beide nebeneinander aufgebahrt – der Sarg von Sophie aber um 50 Zentimeter niedriger. Auch die Tore der Kapuzinergruft blieben für seine Frau verschlossen, deshalb ruhen beide in der Familiengruft des Schlosses Artstetten in Niederösterreich, wo sie eine bescheidene, von der Presse als „Begräbnis III. Klasse" bezeichnete Beisetzung erhielten. Er selbst kommentierte den Inzestkult in seiner Familie einmal so: „Wenn unsereiner jemanden gern hat, findet sich immer im Stammbaum irgendeine Kleinigkeit, die die Ehe verbietet, und so kommt es, daß bei uns immer Mann und Frau zwanzigmal miteinander verwandt sind. Das Resultat ist, daß von den Kindern die Hälfte Trottel und Epileptiker sind."

Weiters ungewöhnlich dürfte sein offenbar starker Aberglaube gewesen sein: Bei seinem Tod trug er um den Hals eine Kette mit sieben Amuletten aus Gold und Platin. Auch Sophie trug eine Halskette mit verschiedenen Reliquien gegen Krankheit und Missgeschick. Letztlich ohne Erfolg ... Außerdem zierte Franz Ferdinands rechten Oberarm ein chinesischer Drache. Neben Kaiserin Elisabeth (➠) der wohl einzige tätowierte Habsburger. An den glücklosen Thronfolger erinnern heute noch die tschechische Biermarke „Ferdinand", die britische Indie-Rockband „Franz Ferdinand" sowie der Esteplatz (!) in Wien.

Sein Tagebuch wurde erst kürzlich in einer kommentierten Fassung unter dem Titel „*Die Eingeborenen machten keinen besonders günstigen Eindruck*. Tagebuch meiner Reise um die Erde 1892–1893" neu aufgelegt.

Die Hohe Schratt
FRANZ JOSEPH I., KAISER (* 18. AUGUST 1830, † 21. NOVEMBER 1916)

Mit 68 Jahren Regierungszeit gilt der alte Kaiser auch 97 Jahre nach seinem Tod als Inbegriff der Habsburgermonarchie. Und war in mehrfacher Hinsicht weltpolitisch bedeutsam. Was wir im Folgenden natürlich völlig aussparen. Denn was uns hier mehr interessiert, sind Fakten wie diese:

Franz Joseph hatte Angst vor Hunden. Bedauerlicherweise auch vor denen seiner Gattin Elisabeth (➠), die sie fast ständig umgaben. Er versetzte recht häufig verdienstvolle Bürger in den Adelsstand, was ihm den Beinamen „Sehadler" einbrachte: Es hieß, wenn er jemanden sieht, adelt er ihn. Für seinen Frühstückstisch wurde eine eigene Zeitung hergestellt. Diese erschien in nur drei Exemplaren: eine Archivkopie, eine für den Generaladjutanten und eine für den Kaiser. Diese Zeitung war eine Art „Reader's Digest" aus sorgfältig zusammengestellten und gekürzten Artikeln aller damaligen nationalen und internationalen Zeitungen. Franz Joseph war ein ungeheurer Uniform-Fan und trug ständig eine, weshalb es auch keine Fotos von ihm in Zivil gibt. In Uniform gibt es aber einige, wie jenes in der Uniform eines „Oberstinhabers des großbritannischen 1. Garde-Dragoner-Regiments". Er besaß eine Sammlung von mehreren hundert passgenauen Uniformen aus aller Welt, die er etwa gerne zu Ehren ausländischer Gäste trug. Sein einziger enger Freund war Feldmarschall Radetzky, der auch als Einziger jederzeit ohne Anmeldung Zutritt zum Kaiser hatte. Dagegen musste sich sogar seine Familie erst nach dem strengen Hofzeremoniell anmelden und durfte ihm Fragen nur indirekt und schriftlich stellen. Wollte der Kaiser Zug fahren, wurde das recht teuer. So kostete eine einfache Fahrt Wien–Wiener Neustadt (zirka 50 Kilometer) inklusive der Überprüfung und Überwachung der Strecke, Umleitung anderer Züge und so weiter nach heutiger Rechnung ungefähr 2000 Euro.

Zwar eher konservativ im Herzen, war der Kaiser durchaus auch an technischen Neuerungen interessiert – auch wenn er deren Wert oft nicht erkannte (☞ Kapitel „Erfinder, Forscher und Entdecker"). So hat sich uns sogar seine Stimme erhalten, da er bereits am 2. August 1903 in Bad Ischl eine Wachs-Platte des damals brandneuen „Wiener Archiv-Phonographen" besprach. Es handelt sich dabei um eine der ältesten (Sprach-)Tonaufnahmen überhaupt. Kopien davon sind heute auch im Internet zu finden. Er hat auch später noch weitere Medien besprochen; sogar noch im Dezember 1915 eine Platte, die zugunsten des „k.k. österreichischen Militär Witwen- und Waisenfonds" verkauft wurde, die laut Cover-Text das „einzige Stimmporträt Seiner kaiserlichen und königlichen apost. Majestät, welches der Öffentlichkeit übergeben wurde" ist.

Kaiser Franz Joseph erreichte ein für seine Zeit biblisches Alter und das, obwohl er passionierter Raucher war. Meistens verwendete er einen langen Zigarettenspitz mit kleinem Meerschaumkopf, bei der Jagd aus praktischen Gründen eine kleine Pfeife. Außerdem bevorzugte er Virginia-Zigarren, bis er auf Anraten seiner Ärzte zur Sorte „Regalia Media" wechselte.

Abgesehen vom Rauchen war der Kaiser auch sonst kein völlig Heiliger. Er liebte seine Gattin zwar bis zu deren Tod, diese Liebe wurde aber nicht in gleichem Maße erwidert, weshalb Elisabeth später sogar die Affäre mit der Schauspielerin Katharina Schratt (ab 1886) einfädelte. Diese Beziehung war sozusagen quasi-offiziell und allgemein bekannt. Berühmt ist in diesem Zusammenhang ein Druckfehler im „Ischler Wochenblatt", das nach einer Bergtour des Kaisers auf der „Hohen Schrott" schrieb: „Seine Majestät bestieg gestern in bester Verfassung die Hohe Schratt."

Darüber hinaus sind noch folgende Mätressen überliefert: Elisabeth Gräfin Ugarte, Hofdame (1848), Katharina Abel, Balletttänzerin (1850), Margit

Libenyi, Tänzerin (1852), Rosa Moskowitz, Weißnäherin im Hofdienst (1870) und Anna Nahowski, Kaufmannstochter (ab 1875). Die Töchter von Rosa Moskowitz, Margarete (Braun), und von Anna Nahowski, Helene, gelten als seine Töchter. Helene wurde später die Frau des Komponisten Alban Berg.

Weithin bekannt ist auch, dass Kaiser Franz Joseph ein passionierter und stets die weidmännische Ethik achtender Jäger war. Im Jahr 1910, im Alter von 80 Jahren, erlegte er nicht weniger als sechs Zwölfender. Seine gesamte, vom Hofjagdbüro peinlich genau registrierte Statistik ergab 50.520 erlegte Tiere. Darunter befanden sich 1436 Hirsche, 4597 Kaninchen, 2051 Gämsen, 18.031 Fasane, 1442 Sauen, 8350 Rebhühner, 7588 Hasen sowie 1404 Wildenten.

IMMER DIESE HABSBURGER

Mathias:
Das ist der Fluch von unserm edeln Haus:
Auf halben Wegen und zu halber Tat
Mit halben Mitteln zauderhaft zu streben.
Franz Grillparzer: „Ein Bruderzwist in Habsburg"

In jedem Land sind seine Führer – je länger und je absoluter regierend, umso besser – eine ideale Quelle von Seltsamkeiten aller Art. Man denke nur an die römischen Kaiser oder etliche Vertreter der englischen und auch französischen Krone im Laufe der Zeit. Nicht anders bei den Habsburgern. Und die regierten Österreich immerhin 640 Jahre und zwei Monate lang. In aufeinanderfolgenden 24 Generationen herrschten in der Hauptlinie fünf Herzöge, vier Könige, eine Königin und 18 Kaiser. Ein bis heute ungeschlagener Weltrekord einer Familie. Sie bestand insgesamt aus etwa 400 Personen, die das Erwachsenenalter erreichten. Untrennbar mit Österreich verbunden, finden sich einige der außergewöhnlichsten Exemplare ihrer Gattung über das ganze Buch verteilt. Hier ergänzend ein Überblick.

Die Habsburger waren ein ursprünglich aus dem Elsass stammendes Adelsgeschlecht mit fränkischen Wurzeln, das noch nicht Habsburger, sondern Etichonen genannt wurde. Nach und nach errang die Familie Länder und Herrscherpositionen im gesamten deutschen Sprachraum. Zuerst wurden sie Schweizer, danach Österreicher. 1108 bezeichnete sich das ganze Geschlecht erstmals als „von Habsburg". Benannt wurde die Familie jedenfalls nach ihrem im Schweizer Aargau errichteten Stammsitz, der sogenannten „Habichtsburg". Das ist zumindest eine

Deutung des Namens. Als wahrscheinlicher gilt aber, dass der Name von einer alten Schiffslandestelle (altdeutsch „haw" oder „hab") im nahegelegenen Altenburg her stammt. Dann wären die Habsburger eigentlich „Hafenburger". Noch heute besteht das kleine Schweizer Dorf Habsburg (Politische Gemeinde Aargau, Bezirk Brugg).

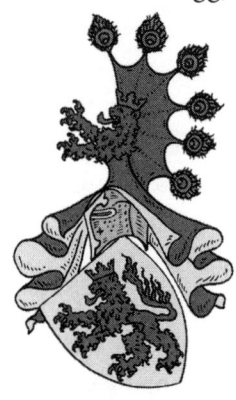

Durch Erbglück und meist unkriegerische Heiratspolitik („Bella gerant alii, tu felix Austria nube" – „Kriege führen mögen andere, du glückliches Österreich heirate") fielen nach und nach immer mehr mitteleuropäische Gebiete der Familie und damit dem Reich zu. Dazu kamen später östliche und südosteuropäische Länder. Durch die Linie der spanischen Habsburger beherrschte das Haus am territorialen Höhepunkt halb Mitteleuropa, Spanien, die Niederlande und Teile Südamerikas. Später schrumpfte der Herrschaftsbereich wieder. Gegen Ende der Donaumonarchie umfasste er aber immerhin noch das heutige Österreich, Ungarn, Tschechien, Kroatien, Bosnien, die Slowakei, Slowenien sowie Teile Polens, Rumäniens und Italiens. Mit dem verlorenen Ersten Weltkrieg endete 1918 die Herrschaft der Habsburger, ihr Reich zerfiel in einzelne Nationalstaaten und sie verloren alle Ämter, Würden und Besitztümer. Erst der Verzicht auf sämtliche Erbfolgeansprüche und sonstige Vorrechte ihres Hauses erlaubte den Nachkommen der ehemaligen Herrscher den Aufenthalt in Österreich sowie den Besitz eines österreichischen Reisepasses.

Die Spuren der langen Herrschaft finden sich freilich weltweit in Gebäuden, Namen, Sprachen und nachwirkenden Gesetzen oder Grenzordnungen. Im Laufe der Jahrhunderte waren einige Mitglieder des Hauses keine weltlichen, sondern kirchliche Herrscher. Und zwar quer durch die Hierarchie: Erzbischof, Domherr, Kardinal, Äbtissin, Fürstbischof, Fürstprimas, Kardinal-Erzbischof, Großprior … Nur Papst und Heiliger wurde bislang keiner. Der letzte der Kaiser, Karl I., wurde aber immerhin 2004 seliggesprochen.

Besonders archaisch mutet die Tradition der Trennung der inneren Organe nach dem Tod eines Habsburgers an. Dies dient aber vor allem praktischen Zwecken, weil die Entnahme der Organe eine notwendige Voraussetzung für eine Einbalsamierung ist. Und weil man adelige Organe nicht so einfach wegschmeißen kann, wurden (und werden) die meisten Herzen der verschiedenen Habsburger in der Herzgruft der Augustinerkirche in sogenannten Herzbechern aufbewahrt. Insgesamt 54. Die anderen Eingeweide ruhen in sogenannten „Intestinalurnen" in St. Stephan. Die letzte komplette Trennung der Organe wurde bei Erzherzog Franz Karl, dem Vater von Kaiser Franz Joseph, im Jahr 1878 durchgeführt. Aber auch die Herzen der beiden Letztbestatteten wurden separat beigesetzt: das von Kaisersgattin Zita in der Schweiz und das ihres Sohnes Otto Habsburg (➻) in Ungarn.

Obwohl viele im Laufe der Jahrzehnte umbenannt wurden, gibt es noch etwa 60 nach Habsburgern benannte Verkehrsflächen allein in Österreichs neun Hauptstädten. Die schwer erkennbaren wie der Esteplatz in Wien, der nach Franz Ferdinand (➻), oder der Claudiaplatz in Innsbruck, der nach Erzherzogin Claudia von Medici benannt ist, nicht einmal mit eingerechnet. Und zusätzlich noch 40 in ganz Österreich, die „Erzherzog" als Namensbestandteil haben. Dazu kommen Brücken, Parks, Landschaftsteile … und auch ganze Stadtteile und -bezirke. In Wien etwa vier: Josefstadt, Leopoldstadt, Rudolfsheim-Fünfhaus und Kaisermühlen.

Auch fast die ganze Ringstraße (Franzensring, Kaiser-Karl-Ring, Kaiserin-Zita-Ring, Franz-Josefs-Kai) und alle Endbahnhöfe Wiens waren ursprünglich adelig und/oder habsburgisch benamst, einige davon sind es bis heute. Die Bahnhöfe hießen ursprünglich Kaiser-Ferdinands-Nordbahnhof (heute Nordbahnhof), Franz-Josefs-Bahnhof (noch heute), Kaiserin-Elisabeth-Bahnhof (heute Westbahnhof), Kaiser-Franz-Joseph-Orientbahnhof (später Süd- bzw. Ost- und bald Hauptbahnhof).

Apropos Erzherzog. Dieser Titel ist in jeder Hinsicht dem Prinzen/der Prinzessin anderer Herrscherhäuser gleichzusetzen. Dieser österreichische beziehungsweise habsburgische Exklusiv-Adelstitel „Erzherzog" ist, obwohl weltweit bekannt und auch in anderen Sprachen übersetzt (Archidux, Archduke, Archiduque …) vorhanden, kein altehrwürdiger, sondern ein aus politischen Gründen im ausgehenden Mittelalter durch eine Fälschung erfundener. Herzog Rudolf IV. (1339–1365), genannt „der Stifter", war es, der zur Erweiterung seiner Macht und zum Ausbau der Bedeutung Österreichs (und Wiens) gleich einen ganzen Stapel Dokumente fälschen ließ. Unter anderem das „Privilegium maius", weil die „Goldene Bulle" Karls IV. (1356) Österreich bei den Kurfürsten ausgelassen hatte. Österreicher erhielten im Privilegium den Titel „Pfalzerzherzog". Das Dokument wurde zuerst nicht anerkannt, trotzdem nannte sich darauf schon Herzog Ernst der Eiserne (1377–1424) erstmals Erzherzog. Als mit seinem Sohn Friedrich III. (➡) 1452 erstmals ein Habsburger deutscher Kaiser wurde, war die Sache klar: Er erklärte die Fälschung 1453 für gültiges Recht.

Rudolf der Fälscher – pardon, Stifter, wird auch mit einer Erzherzogskrone dargestellt, die es aber gar nicht gab. Erst Ernst der Eiserne ließ sicherheitshalber eine anfertigen. Noch heute rangiert der (eigentlich abgeschaffte) Titel in der Rangliste der Adelstitel auf Platz 3. Gleich nach Kaiser und König, noch vor Großherzog und Kurfürst. Obwohl in Österreich verboten, gibt es sogar aktuell noch lebende, offizielle Erzherzöge. Denn da laut spanischer Verfassung bei der Aufzählung der Titel auch „historische und erloschene" genannt werden, wird König Juan Carlos von Spanien auch heute noch offiziell als Erzherzog geführt, genauer als „Archiduque de Austria". Außerdem ist er auch „Graf von Tirol".

Die genaue Unterscheidung der Titel führte zu ihrer Hochblüte auch zu wirklich schönen, bis in die Reflexivpronomen wirksamen, Satzgebilden. Wie dieser schriftliche Bericht über ein Fest, in dem es über den Ablauf heißt: „… worauf die Allerhöchsten, höchsten und hohen Herrschaften sowie die übrigen Gäste Allerhöchst-, höchst-, hochsich und sich in den Zeremoniensaale begeben."

Auch viele Speisen sind nach Kaisers benannt wie der Kaiserschmarrn, der Stefanie-Braten nach der Frau von Kronprinz Rudolf (☛) sowie der Kronprinz-Rudolf-Apfel nach ihm selbst.

Im Gegensatz zu vielen anderen Herrschern waren die Habsburger vieles – gewiefte Realpolitiker, Finanzjongleure und Bürokraten, Künstler, Musiker und Naturforscher –, aber eines waren sie gewiss nicht: große Feldherren. Sie ließen kämpfen, sei es von Prinz Eugen oder Graf Radetzky. Die Herrscher nahmen meist gar nicht an ihren Kriegen teil, und nur einer, Leopold III., fiel überhaupt in einer Schlacht. Ein anderer Leopold, der V. nämlich, zwar ein Babenberger, nahm ebenfalls teil und bescherte

Österreich der Legende nach so seine Fahne: Er soll nach der Schlacht blutbeschmiert seinen breiten Gürtel abgenommen haben, wodurch sich auf seinem weißen Gewand der Prototyp der österreichischen Flagge in Rot-Weiß-Rot gezeigt hat. Naja.

Noch etwas anderes waren die Habsburger (aufgrund jahrhundertelanger Eheschließung untereinander und mit nahe verwandten Adelshäusern) nicht, nämlich hübsch. Die meisten hatten einen zu großen, vorstehenden Unterkiefer, einen schlanken, hohen Schädel, eine Nase mit Höcker, eine volle Unterlippe und einen Überbiss der unteren Schneidezähne. All diese optischen

Merkmale vereinte etwa Kaiser Leopold I. (☞). Nachdem der Genpool später etwas erweitert wurde, war die folgende Familie Habsburg-Lothringen etwas ansprechender. Sie wird folgendermaßen beschrieben: ein schmales, langes Gesicht, eine hohe Stirn, gelegentlich aber auch ein wasserkopfartig ausladender Gehirnschädel. Die Wiener des 18. und 19. Jahrhunderts kommentierten es folgendermaßen, wenn sie eines „Langschädels mit Gosch'n" ansichtig wurden: „Entweder es is' eine Zangengeburt oder ein Erzherzog."

Die vielfachen Verflechtungen fasste Hans Bankl in „Die

kranken Habsburger" zusammen: „Philipp II. von Spanien heiratete seine Nichte Anna, die Tochter seiner Schwester Maria und
seines Vetters Maximilian. Seine Schwester wurde damit zu seiner Schwiegermutter, sein Vetter zum Schwiegervater, zu dem
seine eigene Tochter auch Cousin sagen konnte, und Philipp II.
selbst wurde zum Großonkel seiner eigenen Kinder. Der Sohn
aus dieser eigentümlichen Verbindung war der nächste König
von Spanien, Philipp III. Er heiratete Margarethe, die ihrerseits
eine Enkelin Kaiser Ferdinands I. war. Damit war Kaiser Ferdin-
and zugleich der Großvater der Braut und der Urgroßvater des
Bräutigams."

Bis auf gelegentliche Affären und wenig bekannte Fälle von
homosexuellem (⇒ **Erzherzog Ludwig Viktor und** ⇒ **Erzherzogin Isabella**)
oder exzessivem (⇒ **Erzherzog Otto**) Sexualverhalten waren die
Habsburger, was das Körperliche betraf, eher zurückhaltend bis
keusch. Das dürfte a) an ihrem (auch staatstragenden) Katho-
lizismus, b) an der optischen Attraktivität und c) wohl auch an
ihrer Sexualerziehung gelegen haben. Was die Burschen des Hauses betrifft, lief diese folgendermaßen ab: 1.) Blumen, Bienen und
Schmetterlinge werden erklärt. 2.) In Fischzuchtanstalten gibt es
den ersten Anschauungsunterricht – vermutlich folgen auch Säu-
getiere, was aber nicht überliefert ist. 3.) Das Oberhofmeisteramt
sucht geeignete Damen für praktische Übungen des theoreti-
schen Wissens aus. Die Damen werden sorgfältig ärztlich untersucht und daher auch als „hygienische Frauen" bezeichnet.
Charme, Umwerben und romantische Liebe waren allerdings
nicht Teil des Erziehungsprogramms.

Am End' is' ollas umasunst

FRIEDRICH III., KAISER (* 21. SEPTEMBER 1415, † 19. AUGUST 1493)

Friedrich III. ist in mehrfacher Hinsicht ein Rekordhalter unter den Kaisern des Heiligen Römischen Reichs. Er war der erste Habsburger, der jenen Job bekam, den die Familie für sehr lange Zeit nicht wieder hergeben würde. Er war der letzte römische Kaiser, der noch eigenhändig vom Papst in Rom gekrönt wurde. Und er war der römisch-deutsche Kaiser mit der längsten Amtszeit von allen. Statistisch gesagt: Friedrich wurde 78 Jahre alt, davon war er 41 Jahre lang Kaiser. Die damalige Lebenserwartung lag zwischen 20 und 30 Jahren.

Außerdem wurde Österreich unter seiner Regentschaft erstmals ein tatsächliches Großreich. Und zwar auf dem ab da typisch österreichischen Weg: nix da mit Krieg, dafür Eheverträge und Abkommen. Letztere waren oft eine Art Überlebenswette, bei der Friedrich die Herrschaft über viele Gebiete gewann, schlicht, weil er seine Vertragspartner überlebte. Das war zwar wesentlich effektiver, aber auch weniger glorreich, weshalb der phlegmatische Herrscher „des Reiches Erzschlafmütze" genannt wurde. „Erz" deshalb, weil es auch er war, der den phantasievollen Titel Erzherzog legitimierte (➺ Kapitel „Immer diese Habsburger").

Wien spielte für die frühen Habsburgerkaiser kaum eine Rolle. Friedrich selbst wurde in Innsbruck geboren, regierte hauptsächlich in Wiener Neustadt und starb in Linz. Dabei interessierten den Mann vor allem Geld, Gold und Geschmeide sowie Alchemie und Astrologie.

In diesem Zusammenhang ist auch das Kürzel AEIOU zu sehen, das er (ursprünglich nur zur Kennzeichnung seines Besitzes) einführte. Abgesehen davon, dass es sich um die alphabetische Aufzählung aller Vokale handelt, gab und gibt es die wildesten Spekulationen darüber, was die Buchstaben bedeuten sollen. Sie reichen von alchemistischen Zeichen und Formeln bis hin zu einer unendlichen Anzahl von Akronymen zwischen hehrem Patriotismus und bitterem Spott. Die erhabenste unter ihnen sieht in den Buchstaben ein Anagramm des hebräischen Namen Gottes „Jehova – IEOUA" (U und V werden im Lateinischen gleich geschrieben). Richtung Patriotismus weisen Akronyme wie: „Austriae est imperare orbi universo". Was soviel heißt wie: Es ist Österreich bestimmt, die Welt zu beherrschen. Und „Austria erit in orbe ultima": Also, Österreich wird auf der Welt ewig bestehen. Nicht weniger patriotische deutsche Versionen lauten etwa: „Alles Erdreich ist Österreich untertan" und „Auf Erden ist Österreich unsterblich". Zu den Spottdeutungen zählen unter anderem: „Allen Ernstes ist Österreich unverbesserlich", „Allerlei Erdreich ist Österreichs Unglück" sowie „Am End' is' ollas umasunst".

Gegen Ende seines Lebens war Friedrich derart unbeliebt, dass er kleine Goldverstecke in seiner Kammer anlegte, deren Inhalt etwaige Finder behalten durften, um Diener dazu zu motivieren, ihn überhaupt zu bedienen. Er war bis zuletzt zäh und überlebte sogar die Amputation eines Beines. Wenn auch nicht sehr lang. Schließlich starb der greise Kaiser an den Folgen der Operation. Oder an einem Schlaganfall. Oder aber an Durchfall nach einer Überdosis seines Lieblingsobstes Melonen. Da sind sich Experten und Quellen uneinig. Sein amputiertes Bein wurde jedenfalls gemeinsam mit ihm beigesetzt.

Maria Theresias Füchsin

**FUCHS-MOLLARD, KAROLINE VON (* 1675 ODER 1681,
† 27. APRIL 1754)**

Karoline von Fuchs-Mollard ist die einzige Nicht-Habsburgerin, die in der Kapuzinergruft ruht. Diese Sonderstellung verdankt sie der Tatsache, dass sie die Amme und Erzieherin (Aja) von Kaiserin Maria Theresia (⇒) war. Später ernannte die Kaiserin die Gräfin zu ihrer Obersthofmeisterin. Maria Theresia, die sie gerne „meine Füchsin" nannte, schätzte Karoline zeitlebens so sehr, dass ihr diese ungewöhnliche Ehre zuteil wurde. Ihr ursprünglich separat beigesetztes Herz gilt als verschollen. Die Mollardgasse in Wien Mariahilf ist nach ihrer Familie benannt.

Der Zirkusmarsch

FUČÍK, JULIUS (* 18. JULI 1872, † 15. SEPTEMBER 1916)

Julius Ernest Wilhelm Fučík war ein österreichischer Kapellmeister und Komponist. Er studierte unter anderem bei Antonín Dvořák und schuf über 400 Werke, darunter Walzer sowie eine Messe und ein Requiem. Am bekanntesten aber waren seine Märsche, die er bei Platzkonzerten in Prag und Berlin vor bis zu 10.000 Zuhörern aufführte. Die Krönung seines Schaffens ist rückblickend die Komposition eines Marsches mit dem Namen „Einzug der Gladiatoren" („Vjezd gladiátorů", auf Englisch auch als „Thunders and Blazes" bekannt und ursprünglich von Fučík „Grande Marche Chromatique" genannt). Denn der ist bis heute (über den Umweg über Amerika) weltweit *der* Zirkusmarsch schlechthin. Die ursprünglich als Triumphmarsch durchaus ernst gemeinte Komposition wird nun, vor allem im Zusammenhang mit Clownauftritten, in einem wesentlich höheren Tempo gespielt und so auch oft parodistisch verwendet.

G

Blinken, Dröhnen, Schwingen und Sich-Drehen

GSELLMANN, FRANZ (* 13. MAI 1910, † 2. JULI 1981)

Der steirische Bauer Franz Gsellmann war der Erbauer der noch heute in seiner Scheune in Edelsbach bei Feldbach (genauer in Kaag) zu bestaunenden „Weltmaschine". Der Bauernsohn schloss nur die Volksschule ab und übernahm dann, obwohl er eigentlich gerne Elektriker geworden wäre, den elterlichen Hof. Ein starker innerer Antrieb, etwas zu schaffen, führte dazu, dass er schon mit 19 Jahren eine Kapelle schnitzte und ein Wasserkraftwerk plante. Er wusste bereits früh, dass er etwas Großes bauen würde, und hatte sich seine Maschine schon „erträumt", aber ihm fehlte der Anfang. Den fand er, als er 1958 ein Foto des Atomiums in Brüssel sah. Gsellmann erkannte in dem überdimensionalen Eisen-Atom das Herz seines künftigen Werkes und fuhr selbst nach Brüssel, um es dort abzuzeichnen. In den folgenden 23 Jahren arbeitete er an seinem namenlosen Gerät, das von anderen, mangels einer anderen Bezeichnung, den Namen „Weltmaschine" erhielt. Nach künstlerischen Kriterien könnte man das beeindruckende, sich drehende und blinkende Ding am ehesten als Installation oder kinetisches Kunstwerk bezeichnen. Die ersten acht Jahre zeigte Gsellmann sein im Entstehen begriffenes und hauptsächlich aus

Schrott und Gerümpel bestehendes Werk niemandem. Im Dorf munkelte man, er baue an einem Flugzeug. Nach der Enthüllung seiner Arbeit erntete er hauptsächlich Unverständnis, was ihn aber nicht am Weiterbauen hinderte. Er sah sich als vom Herrgott inspiriert und war von der Wichtigkeit seiner Arbeit überzeugt. Im Laufe der Zeit gewann er an Popularität und Bekanntheit und wurde vielfach interviewt. Zwar enthüllte er Sinn und Zweck seines Werkes nie, erklärte es aber kurz vor seinem Tod für vollendet. Die „Weltmaschine" besteht aus etwa 2000 Teilen, die durch 25 Elektromotoren zum Blinken, Dröhnen, Schwingen und Sich-Drehen gebracht werden. Die Maschine wird mittlerweile von einem Privatmuseum betrieben, ist eine Touristenattraktion (etwa 10.000 Besucher pro Jahr) und wird auch im Linzer Ars Electronica Center durch ein Video gewürdigt.

Auch ein Spielfilm „Die Weltmaschine" (1981) spielt rund um Gsellmanns Werk. Regie führte Peter „Kottan ermittelt" Patzak nach einem Drehbuch von Christine Nöstlinger, Darsteller sind unter anderem: Erni Mangold, Maria Bill, Carlo Böhm und … Christoph Waltz.

H

Leider-nicht-Kaiser
HABSBURG-LOTHRINGEN, KARL (* 11. JÄNNER 1961)

Karl Habsburg ist Österreichs derzeit amtierender Leider-nicht-Kaiser – angefochten einzig von „Kaiser Robert Heinrich I.", dessen Rolle im Kapitel „Word-Rap" genauer definiert ist (➡ **Robert Palfrader**) – und internes Oberhaupt der Familie Habsburg. Immerhin ist er seit Geburt „Ritter des Ordens vom Goldenen Vlies", und seit 2000 auch dessen „Souverän und Großmeister". Außerdem hat er von seinem Vater Otto Habsburg (➡) quasi den Vorsitz der Paneuropabewegung Österreich geerbt. Eine Weile war er auch als Politiker und Europaabgeordneter für die ÖVP tätig. Außerdem ist Habsburg Militärpilot und als solcher Hauptmann der Miliz des österreichischen Bundesheeres. Hauptberuflich ist er aber derzeit nach eigenen Angaben als „Medienconsultant" tätig.

Seine Geburt führte 1961 auch zu etwas Unruhe im Zusammenhang mit dem Habsburgergesetz. Denn einerseits unterzeichnete sein Vater in diesem Jahr die von diesem Gesetz verlangte Erklärung zum Verzicht auf alle Herrschaftsansprüche als Bedingung für seine Einreise nach Österreich. Andererseits wurde Karl im gleichen Jahr im deutschen Taufregister als „Erzherzog" eingetragen. In seinem ersten Pass stand folgerichtig noch der Vermerk „Gültig für jedes Land der Welt, ausgenommen Österreich".

Vielen hierzulande ist er, abgesehen vielleicht von seiner Ehe mit Francesca Habsburg, vor allem dadurch bekannt, dass er in den Jahren 1992 und 1993 kurzzeitig die ORF-Vorabendquizshow „Who is Who", etwas steif, aber nicht unsympathisch und durchaus kompetent, leitete. Der Autor dieser Zeilen nahm sogar einmal als Kandidat daran teil und gewann zwar nicht den Hauptpreis, dafür aber einen gastronomietauglichen Mikrowellenherd.

Der letzte König von Ungarn
HABSBURG-LOTHRINGEN, OTTO (* 20. NOVEMBER 1912,
† 4. JULI 2011)

Der spätere Europapolitiker Otto Habsburg war Österreichs erster Doch-nicht-Kaiser und außerdem der letzte König Ungarns. Zwischen 1916 und 1918 war er Kronprinz und hieß daher amtlich „Seine Kaiserliche und Königliche Hoheit Franz Joseph Otto Robert Maria Anton Karl Max Heinrich Sixtus Xaver Felix Renatus Ludwig Gaetan Pius Ignatius, Kaiserlicher Prinz, Erzherzog von Österreich, Königlicher Prinz von Ungarn". Mit der Abdankung seines Vaters Karl I. und dem Ende des Ersten Weltkriegs erlosch die österreichische Monarchie und Otto wurde zum Ex-Kronprinzen. Da Monarchisten Abdankungen oft nur als vorübergehendes Interregnum ansehen – Otto selbst wurde oft genug, vor allem im Ausland, mit den eines regierenden Kaisers würdigen Formeln angesprochen –, wird in solchen

Fällen die theoretische Thronfolge natürlich dennoch peinlich genau weitergeführt. Aktuell ist daher Karl Habsburg-Lothringen (☞) der amtierende Nicht-Kaiser von Österreich. Der Weg zum Amtsverzicht war aber lang und mit diversen juristischen doppelten Böden gepflastert, weshalb Otto nach der Flucht seiner Familie 1918 erst 1966 erstmals wieder österreichischen Boden betrat. Allerdings nur für ein paar Stunden. Doch selbst diese kurze Zeitspanne führte prompt zu einem vom ÖGB organisierten Streik von rund 250.000 Arbeitnehmern. Erst nach einer Versicherung der (ÖVP-)Regierung, dass ihm keinerlei Vermögen der Republik ausgehändigt werden würde, wurde der Streik beendet. Mit einem „historischen" Handschlag zwischen Bruno Kreisky (☞ Kapitel „Fehlbesetzte Politiker") und Otto einige Jahre später war die Sache dann schließlich endgültig erledigt. Zwar nie Kaiser, war Otto Habsburg (wie er in Deutschland hieß) doch immerhin der letzte König von Ungarn. Denn Otto Habsburg-Lothringen (wie er in Österreich hieß) wurde anlässlich seiner Großjährigkeit 1930 nominell auch König von Ungarn. Und da die ungarische Monarchie erst 1946 offiziell aufgelöst wurde, war Otto tatsächlich 16 Jahre lang König. Wenn auch exiliert und nicht regierend. Otto wurde als bislang letzter Habsburger in der Kapuzinergruft beigesetzt. Sein Herz ruht allerdings – nicht nur bildlich, sondern tatsächlich – in Ungarn.

Eine Protestantin in der Familiengruft

HENRIETTE ALEXANDRINE VON NASSAU-WEILBURG,
ERZHERZOGIN (* 30. OKTOBER 1797, † 29. DEZEMBER 1829)

Erzherzogin Henriette (Alexandrine Friederike Wilhelmine Prinzessin von Nassau-Weilburg) ist die einzige in der Kapuzinergruft beigesetzte Nicht-Katholikin. Die Heirat der Protestantin mit Erzherzog Karl (einer der Söhne von Kaiser Leopold II.) war die erste „Mischehe" des Kaiserhauses, da sie trotz der Eheschließung nicht zum katholischen Glauben übergetreten war. Was der glücklichen, kinderreichen Ehe keinen Abbruch tat. Dennoch war der „Makel" nicht so einfach zu übersehen. So wurde sie nach ihrem Tod gegen den Widerstand der Kapuziner erst auf explizite Anordnung von Kaiser Franz II./I. in der Familiengruft beigesetzt. (Ihre Herz- und Intestinalurnen sind ebenfalls dort. Vermutlich konnten sich die Patres in der Augustiner- und Stephanskirche erfolgreicher durchsetzen.) Bekannt ist sie auch dafür, dass sie einige protestantische Bräuche, wie das Schmücken von Christbäumen, in Wien durchsetzte (☞ **Fanny von Arnstein**). Was, wie auch später im Fall der Adventkränze, Adventkalender und vielen anderen christlichen Bräuchen, zuerst von der katholischen Kirche heftig bekämpft, aber, nachdem Widerstand zwecklos war, erfolgreich assimiliert wurde.

Post aus der Strandbar
HERRMANN, EMANUEL (* 24. JUNI 1839, † 13. JULI 1902)

Emanuel Herrmann, Professor der Nationalökonomie, war der Erfinder der Postkarte. Um eine Möglichkeit zu finden, die monarchieweite Kommunikation zu vereinfachen, schlug er Anfang 1869 vor, papiergroße Karten mit vorgedruckten Marken und ermäßigtem Tarif zu verwenden und zu versenden. Die Idee wurde schon im September 1869 durch die „Verordnung des Handelsministeriums über die Einführung der Korrespondenzkarte" aufgegriffen – und setzte sich von Österreich aus weltweit durch. Nach Herrmann ist heute die Dr.-Herrmann-Gasse in Klagenfurt benannt. Außerdem ist ihm ein kleiner Wiener Park in einem ehemals toten Winkel des Kanalufers der Wien gewidmet, der aber mittlerweile durch den Ausbau zu einer Gastronomieeinrichtung plus Sand plus Liegestühle große überregionale Bekanntheit erlangt hat. Unter dem Namen „Strandbar Herrmann".

Bärige Wandertage
HINTERSEER, HANSI (* 2. FEBRUAR 1954)

Für manche außerhalb der Schlagerfangemeinde ist wohl alles an dem ehemaligen Skistar (Karriere im Weltcup, in der Weltmeisterschaft und bei den Olympischen Winterspielen sowie anschließend in der US-Profi-Ski-Tour) Johann Ernst „Hansi" Hinterseer ins Reich des Kuriosen einzureihen. Von Moonboots über Saubermannimage mit Dauerzahnpastalächeln bis hin zu eigentlich eher bescheidenen gesanglichen und darstellerischen Qualitäten. Nichtsdestotrotz konnte er neben mehreren Kronen der Volksmusik auch eine Romy ergattern und erreichte zwei Mal auch in Dänemark die Nummer eins der Albencharts. Seit 2006 ist „Hansi Hinterseer" als Marke im deutschen Markenregister eingetragen. Berühmt sind auch seine Bergwanderungen in Begleitung von tausenden Fans. Außerdem ist Hinterseer der einzige Mensch, der in Wien gleich auf zwei „Walk of Fames", also in Beton gegossene, im Boden verankerte Erinnerungstafeln, vertreten ist: zum einen am auf der Mariahilferstraße platzierten „Walk of Fame" vor dem Generali-Center als Sportler und zum anderen am „Walk of Stars" in der Gasometer-City als, nun, Musiker. Bei Letzerem sind nicht nur seine nackten Hände und Füße im Abdruck zu sehen, sondern auch seine in den Beton gemalte Unterschrift sowie der dazugehörige handschriftliche Kommentar „bärig".

MUSIKALISCHE SEITENSPRÜNGE

Vermutlich liegt es an der großen Kunst- und Kulturnähe der Österreicher – kaum sonst wo neigt jemand in seinem Hobby oder Zweitberuf so oft zur Musik, Malerei oder zum Schauspiel. Aber gerade bei uns tummeln sich prominente Nebenerwerbssänger im Dutzend. Ja, okay, auch der deutsche Bundespräsident intonierte „Hoch auf dem gelben Wagen" und auch Franz Beckenbauer trällerte „Gute Freunde kann niemand trennen". Die heimische Dichte an singenden Politikern und Sportlern dürfte aber weltweit kaum zu übertreffen sein. Wobei nicht alle diese Aktivitäten zu (nachhaltigem) Ruhm führten und bei den Sportlern sogar nur in eineinhalb Fällen (➠ **Hansi Hinterseer**, ➠ **Hans Krankl**) zu einer eigenen Karriere führten. Aber auch Crossovers in andere künstlerische Bereiche sind nicht selten, man denke nur an die singenden Maler. Aber der Reihe nach.

Weithin vergessen sind etwa die gesanglichen Hervorbringungen von Wiens Bürgermeister Helmut Zilk (➠). Wofür er nicht zuletzt selbst gesorgt hat. Vermutlich aufgrund seiner langjährigen Ehe mit der Sängerin, Musical-Darstellerin und Tänzerin Dagmar Koller (➠) nahm er bereits in den 70er-Jahren mit ihr zusammen eine LP auf. Der Titel war an seine damalige Bürgerbeteiligungs-Fernsehsendung „In eigener Sache"

angelehnt. Diese LP gilt heute als verschollen, gerüchteweise weil Zilk sie selber aufgekauft und – in Hinblick auf seine angestrebte Karriere als Politiker – eingestampft haben soll. Auch ein 1995 auf CD-Single gebranntes Duett mit seiner Frau mit dem Titel „Wien", komponiert von Udo Jürgens (☞) und mit den beiden Sängern als Brautpaar auf dem Cover, ist schon sehr bald nach Erscheinung wieder aus dem Handel verschwunden.

Ein anderer sangesfreudiger Politiker ist Peter Pilz, grüner Aufdecker, Multi-Ausschuss-Untersucher und so weit Populär-politiker, wie man es sich als Grüner gerade noch erlauben kann. Tatsächlich kann Pilz schon auf eine durchaus bewegte musikalische (Amateur-)Karriere zurückblicken. Und wer weiß, was da noch kommt. Jedenfalls gründete er bereits 1969 die Kapfenberger Band „The Three Pees" (drei Mitglieder hießen Peter, der Vierte der Band, Mike, war laut Pilz sauer). 1970 erfolgte die Umbenennung in „The Hysteric Centuries" (vielleicht hatte ja inzwischen jemand in der Band Englisch-Nachhilfe). Kaum 30 Jahre später ließ Pilz wieder von sich hören und zwar mit der neuen, bis heute bestehenden Band „Prinz Pezi und die Staatssekretäre" (auch ein wenig bekannt als „Untouchables"). Damit nicht genug, folgte 2003 auch noch die Gründung der „Lasso-Brüder" mit dem Schlagzeuger der Band Russkaja, Titus Vadon, in der sie als „Trapper Gert" und „Old Pezihand" firmieren.

Seine aktuelle Chefin Eva Glawischnig sang zwar nicht selbst, ist aber in dem Video zum austropopähnlichen Lied „Blauer Montag" von Gerald Gaugeler als langhaarige, blonde Keyboarderin zu bewundern.

Weiter rechts im Spektrum findet sich der ÖVP-Punker Franz Morak (* 1946). Aufgrund seiner beachtlichen musikalischen Tätigkeit, seines umfassenden Œuvres und der Nachhaltigkeit einiger seiner Lieder kann man ihn übrigens mit Fug und Recht als veritablen Musiker der heimischen Szene ansehen. Auch wenn er später das Mikrofon nur mehr für Nationalratsreden verwendete. Politisch brachte er es immerhin bis zum Staats-sekretär für Kunst und Medien der ÖVP-FPÖ/BZÖ-Regierun-gen. Außerdem war er eine Zeitlang Burgschauspieler und machte sich dort auch als Personalvertreter und konservativer Kämpfer gegen den damaligen Direktor Claus Peymann einen Namen. Trotz dieses gelebten Konservativismus war Morak als Musiker früher genau diametral entgegen ausgerichtet. Seine Songs gehörten (auch inhaltlich) zu den härtesten im Main-streambereich. (Im Underground ging's und geht's freilich noch viel ärger zu; ➤ Stefan Weber.) In den Videos zerlegte Morak Schweinsköpfe mit der Motorsäge, die Texte seiner Lieder waren fast immer gegen Autoritäten (auch die katholische Kirche) ge-richtet und beschäftigten sich mit Themen wie Selbstmord, Geis-teskrankheiten, Drogen sowie Inzest und Pädophilie. Unterstri-chen wurde sein Auftreten noch durch das von „Schockmaler" Helnwein gestaltete LP-Cover mit Morak als Motiv. Selbst be-schrieb er sich 1982 als „Anarchist des Rock 'n' Roll". Dennoch haftete seinen Performances immer auch etwas Künstliches an. Er war kein authentischer Punker, vielmehr schien er – von der Ausbildung her Schauspieler und Regisseur – die Figur des Punks eher zu spielen. Und er stilisierte sich dabei selbst zur Kultfigur zwischen „schneeweißem New-Wave-Schizo-Punk" und „billi-gem, billigem Rock 'n' Roll" – wenn auch nur in den Jahren zwi-schen 1979 und 1984. Nachdem er es 2008 nicht mehr in den Na-tionalrat schaffte, ging Morak übrigens mit 62 Jahren in Frühpension. Und hat eine erneute zukünftige musikalische Tä-tigkeit zumindest nicht ausgeschlossen.

Auch der umstrittene Bundespräsident Kurt Waldheim (➤ Kapitel „Fehlbesetzte Politiker") schaffte es kurz zu „sängerischen" Ehren und immerhin singulärem Airplay. 1988 veröffentlichte das Projekt „Cabaret Kurt W" das Lied „Ich habe meine Pflicht erfüllt", das hauptsächlich aus ein paar aus Interviews gesampelten Sätzen von Waldheim bestand. Das Lied wurde zwar, sozusagen unabsichtlich, ein einziges Mal auf Ö3 gespielt, aber das reichte bereits für einen kleinen Skandal und für die kurzzeitige Suspension von Martina Rupp. Das Lied findet sich auch auf der 1997 erschienenen CD „Austria Curiosa 2". Lange Zeit wusste man nicht, welche Köpfe hinter dem Projekt „Cabaret Kurt W" steckten. Mittlerweile aber ist es kein Geheimnis mehr, dass die Musik von Franz Dorfner von „Herzbuben" und „Rosachrom" und die Idee und Produktion von Michael Hopp, dem ehemaligen Chefredakteur des „Wiener", stammen.

Nicht selbst gesungen hat die weitgehend glücklose Ex-Parteivorsitzende der ÖVP Wien und Ex-Staatssekretärin Christine Marek. Sie ließ sich zu Wahlkampfzwecken lieber besingen. Das Lied findet sich als „Christine Marek Rap-Song" (obwohl musikalisch eher ein Reggae) heute auf YouTube und gehört – vor allem textlich und von den Reimen her – mit zum Schlechtesten, das der Autor dieser Zeilen jemals aus heimischer Produktion gehört hat. Ich fordere jeden heraus, das selbst zu testen und die 3 Minuten 39 Sekunden durchzuhalten. Fazit: lieber Morak als Marek.

Von ÖVP-Ministerin Elisabeth Gehrer ist in den letzten Jahren ebenfalls ein musikalisches Fundstück aufgetaucht, das man getrost in den Bereich „Jugendsünden" einordnen darf. Ihr durchwegs zweideutiger, volkstümlicher Song „Finger weg von meiner Musch!" ist mittlerweile ebenfalls auf YouTube zu bewundern.

Noch (einiges) weiter rechts finden sich weitere sangesfreudige Politiker. So schmetterte Peter Westenthaler 2006 zu

BZÖ-Wahlkampfzwecken eine schlagerartige Trallala-Nummer namens „Wir halten zamm". Kurz davor war er noch bei der FPÖ. Ein dort beheimateter Sänger hatte Westenthaler wohl auch zu seinem Ausflug in die Welt der Töne inspiriert. Denn schon zuvor hatte FPÖ-Chef Heinz-Christian Strache (☞ Kapitel „Word-Rap"), der vor allem anfangs kein Medium zur Selbstentfaltung ausließ, das Mikrofon in die Hand genommen und … gerappt.

Nun zum Sport. Die musikalischen Tätigkeiten der Herren Hinterseer, Krankl, Otto Wanz sowie Hans Orsolics werden in ihren Einzeleinträgen behandelt. Damit dieser Bereich aber nicht ganz verwaist ist, sei darauf hingewiesen, dass es kaum eine österreichische Sportlegende gegeben hat, die nicht den einen oder anderen Song auf Platte gepresst hat. Auch viele Fußballer dilettierten mit mehr oder weniger gelungenen Liedchen. Hier eine (vermutlich unvollständige) Aufzählung: Andreas Ivanschitz, Helge Payer, Marc Janko, Herbert Prohaska, Walter Schachner, Toni Pfeffer, Annemarie Moser-Pröll, Franz Klammer, Emmerich Danzer, Harry Gamauf, Toni Sailer, Karl Schranz. Nicht zu vergessen „Das österreichische Fußballnationalteam von 1998 feat. Toni Polster", das das aus der Feder von Udo Jürgens (☞) stammende und mit ihm gemeinsam aufgenommene Lied „Wunderknaben" interpretierte.

Letzteren wollen wir hier aber noch separat würdigen, kann man sein musikalisches Œuvre doch auch als fast professionell bezeichnen, womit ich die oben erwähnten eineinhalb Fälle fast auf eindreiviertel erhöhen würde.

Denn als der doch einige Zeit als veritabler Fußballstar gefeierte Toni Polster (* 1964) sich wie schon Hans Krankl vor ihm dem Singen zuwandte, wurde das anfangs kaum ernst genommen. Dabei brachte ihn das ihm gewidmete Lied „Toni, lass es polstern" von den „Fabulösen Thekenschlampen", bei dem er auch kräftig mitträllerte, schon 1997 in die Charts. Im Jahr 2000 folgte das Lied „Auf alle Fälle 2 Bälle" mit der Dirndl-Rockerin Antonia (Antonia feat. Sandra & Toni Polster). Seine zweite Chartplatzierung eroberte sich Toni dann 2006 mit der Band „Achtung Liebe" und dem Titel „Toni, Walk On 9". Mit dieser Band produzierte er auch weitere Lieder, wie die besonders erfolgreiche CD „12 Meistertitel". Darauf findet sich übrigens auch das grün-violette Duett „Zwa wia mia zwa" mit Hans Krankl (ein Georg-Danzer-Wolfgang-Ambros-Cover). Jedenfalls brachte Polster von Anfang an eine gesunde Selbsteinschätzung seiner musikalischen Fähigkeiten mit, was sich auch in folgendem Zitat zeigt: „Pavarotti und Callas leben nicht mehr, von daher seh' ich mich als legitimer Nachfolger." Im Übrigen war und ist Polster auch anderweitig medial aktiv: So tanzte er sich bei „Dancing Stars" ins Finale, trat in diversen TV-Spots auf und verfasste eine Autobiografie.

Nun noch zum angekündigten Crossover aus anderen künstlerischen Bereichen. Da wäre etwa Arik Brauer (* 1929) zu nennen. Der Wiener Maler und Hauptvertreter der Schule des Phantastischen Realismus ist zum einen einer der wenigen österreichischen Juden, die ihren Namen nachträglich hebräisiert (geboren wurde er als Erich) statt germanisiert haben. Ein Statement für sich. Zum anderen war er ein sehr früher Protestsänger, Vertreter der Dialektwelle und somit einer der Mitbegründer des

Austropops. Der streitbare Hutträger erreichte mit Liedern wie „Sie ham a Haus baut" und „Sei Köpferl im Sand" (besser bekannt als „Hinter meiner, vorder meiner") ein großes Publikum und erhielt für seine frühen LPs auch mehrere Goldene Schallplatten. Noch nach den 1970er-Jahren erschienen immer wieder Platten von ihm, und auch zwei seiner Töchter (Timna Brauer und Ruth Brauer-Kvam) wurden Sängerinnen und Schauspielerinnen, mit denen er auch gemeinsame Auftritte hatte. Übrigens, wie sein Kollege Friedensreich Hundertwasser hat auch Brauer ein Haus, das „Arik-Brauer-Haus" im 6. Bezirk in Wien, außen wie innen künstlerisch gestaltet.

Ein anderer grafisch Tätiger, der Karikaturist Manfred Deix (* 1949), ließ es sich ebenfalls nicht nehmen, einen Tonträger aufzunehmen. Nun wäre Person und Werk des satirischen Künstlers Deix – dessen als 11-Jähriger für einen Wettbewerb des ORF eingesandte Zeichnung mit der Begründung zurückgewiesen wurde, man nehme keine Einsendungen von Erwachsenen und Profis an – schon für sich genommen dem Kuriosen zuzurechnen. Allein, das ist in seinem Fall ja hauptsächlich professionell bedingt. Abgesehen vielleicht von seiner Vorliebe, gerne mit an die hundert Katzen zusammenzuwohnen. Oder der Tatsache, dass ihn mit Kollegen Gerhard Haderer nicht nur die Tätigkeit für (unter anderem) „Profil" verbindet, sondern auch ein Prozess wegen Blasphemie. Was seine musikalische Betätigung betrifft, liegt die Sache allerdings klar: Diese ist durchwegs kurios und geschah allein aus der geradezu abgöttischen Verehrung der „Beach Boys". So hart oft sein Strich, so sehr liebt Deix den kalifornischen Weichspülsound, weshalb „Deix & The Good Vibrations Band" 1995 Lieder der „Beach Boys" unter dem Titel „Musik aus Ameriga" in ostösterreichischem Dialekt einspielte. Übersetzt und gesungen von Deix himself. Außerdem bietet die Platte noch zwei Originalsongs von Deix namens „Die Weiber" und „Liebe Beach Boys". Letzterer sehnt eine Reunion der Band mit dem Zeichner selbst als Zusatzmitglied herbei …

Nebenbei bemerkt, auch Deix' Sitznachbar in der Akademie der Bildenden Künste, Stefan Weber (➡), hat sich neben seiner bildnerischen Tätigkeit musikalisch entfaltet. Wenn auch in eine *etwas* andere Richtung …

Ein weiterer unerwarteter Austropopper ist der Medienkünstler und Hochschulprofessor Peter Weibel (* 1944). Mit dem „Hotel Morphila Orchester", das teilweise aus Musikern der legendären „Novak's Kapelle" bestand, nahm er 1982 die LP „Schwarze Energie" auf. Die daraus ausgekoppelte Nummer „Sex in der Stadt", in der Weibel im Wesentlichen Anzeigen von Prostituierten aus einer Tageszeitung vorliest, hat bis heute einen gewissen Bekanntheitsgrad. Peter Weibel präsentierte die LP auch stilgerecht in einer Telefonzelle und das Lied „Sex in der Stadt" war eine Woche lang per Anruf unter der Wiener Telefonnummer 93 38 654 zu hören.

Sprudelnde Tantiemen
HITLER, ADOLF (* 20. APRIL 1889, † 30. APRIL 1945)

Es lässt sich wohl nicht vermeiden, den wohl bekanntesten Österreicher neben Wolfgang Amadeus Mozart (➡ Kapitel „Word-Rap“),
Arnold Schwarzenegger (➡) und eventuell noch Falco (➡) hier
kurz zu erwähnen. Zwar war kaum etwas am Leben und an den
Taten von Hitler besonders amüsant, aber doch einiges kurios.
Herausgepickt aus all dem sei hier nur eine wenig bekannte Tatsache über den *Gröfaz* – den „Größten Faschisten aller Zeiten“.
Denn er war auch der *Grösthiaz*, Deutschlands größter Steuer-
hinterzieher aller Zeiten.

In seiner Münchner Zeit in den 1920er-Jahren war Hitler
beim Finanzamt als „Schriftsteller“ gemeldet. Seine Einkünfte als
solcher waren zuerst bescheiden, was sich allerdings durch seinen,
nun, Bestseller „Mein Kampf“ schlagartig änderte. Aber Hitler
zahlte nie Steuern, schrieb zuerst zahlreiche Bettelbriefe und wollte dann große Teile seines Einkommens als stark erhöhte Wer-
bungskosten absetzen, was aber nicht klappte. Bis zur Ernennung
zum Reichskanzler 1933 hatten sich satte 400.000 Reichsmark (!)
an Steuerschulden angesammelt, heute wären das über 1,3 Millionen Euro, die sich ständig weiter erhöhten. Aber dann geschah
Wundersames: Der damalige Präsident des Münchner Finanzam-
tes, Ludwig Mirre, erklärte 1934 Hitler aufgrund seiner „verfas-
sungsrechtlichen Stellung“ als nicht steuerpflichtig (offenbar auch
rückwirkend). Hitlers Steuerakt wurde eingezogen und unter Ver-
schluss gestellt. Eine Vorgangsweise, die der Diktator dann 1935
nachträglich selbst für rechtlich gültig erklärte. Mit seinem be-
trächtlichen Einkommen, er bezog ein üppiges Gehalt als Reichskanzler und die Tantiemen für „Mein Kampf“ sprudelten nur so

weiter, war der Mann, der sich vor dem Volk so bescheiden gab, tatsächlich ein Reichsmark-Millionär. Allein sein Domizil am Obersalzberg bei Berchtesgaden inklusive zehn Quadratkilometer Land, das er teilweise gegen den Widerstand einiger Vorbesitzer und unter massivem Terror der SS erwarb, ließ er sich 7,2 Millionen Reichsmark kosten. Übrigens: Der Münchner Finanzamtschef Mirre erhielt ab 1934 bis zum Kriegsende monatlich 2000 Reichsmark zusätzlich zu seinem Beamtengehalt. Steuerfrei.

Dynastische Verbreitung
HÖRBIGER, FAMILIE

Über mehr als nur einen Vertreter, ja, fast alle der Familie Hörbiger/ Wessely könnte man Faszinierendes und Außergewöhnliches vermelden. Angefangen bei Stammvater Hanns Hörbiger (1860–1931), dem „Entdecker der Welteistheorie" und Erfinder der „Hörbiger-Ventile". Hier soll es aber ausreichen, den gesamten Umfang der Schauspieler- und Künstlerdynastie ab Attila und Paula darzustellen, die ja bis heute besteht. Ausgelassen werden nur die (wenigen) Familienmitglieder mit bürgerlichen Berufen. Also, da wären: Attila Hörbiger (1896–1987, Schauspieler), Paula Wessely (1907–2000, Schauspielerin), Josephine Wessely (1860–1887, Schauspielerin), Alfred Hörbiger (1891–1945, Ingenieur und akademischer Maler), Paul Hörbiger (1894–1981, Schauspieler), Elisabeth Orth (1936, Schauspielerin), Cornelius Obonya (1969, Schauspieler), Christiane Hörbiger (1938, Schauspielerin), Sascha Bigler (1968, Regisseur, Drehbuchautor und Schauspieler), Maresa Hörbiger (1945, Schauspielerin), Manuel Witting (1977, Schauspieler), Josepha Gettke (1869–1940, Opernsängerin), Ernst Gettke (1841–1912, erster Direktor des Raimundtheaters), Josefa „Pippa" Hörbiger (1895–1989, Schauspielerin), Christl Hörbiger (1922, Antiquitätenhändlerin und Schauspielerin), Thomas Hörbiger (1931–2011, Gastronom und Liedertexter, unter anderem für Udo Jürgens), Mavie Hörbiger (1979, Schauspielerin), Hans Hörbiger (1988, Bühnenbildner), Christian Tramitz (1955, Schauspieler) und Nicolas Geremus (1969, Wiener Symphoniker).

Ödi, der Edmund
HORVÁTH, ÖDÖN VON (* 9. DEZEMBER 1901, † 1. JUNI 1938)

Der als Edmund Josef von Horváth geborene Schriftsteller wurde nicht sehr alt. Dafür ist sein Gesamtwerk beachtlich und auch erstaunlich nachhaltig. Viele seiner Stücke (wie „Geschichten aus dem Wienerwald", „Italienische Nacht", „Glaube Liebe Hoffnung", „Kasimir und Karoline", „Don Juan kommt aus dem Krieg", „Figaro lässt sich scheiden") und Romane (besonders „Jugend ohne Gott") sind fest in der Literatur- und Theaterlandschaft verankert. Sie wurden vielfach verfilmt und werden bis heute häufig aufgeführt und publiziert. Vom Deutschen Reich nicht wegen seiner Herkunft, sondern wegen seiner Schriften und politischen Einstellung verfolgt, emigrierte er 1938. Sein Weg führte ihn unter anderem nach Budapest, Fiume und in einige andere Städte, bis er schließlich Ende Mai nach Paris kam – wo er wenige Tage später auf der Champs-Elysées von einem abgebrochenen Ast erschlagen wurde. Der vermutlich seltsamste, wenn sicher auch nicht der tragischste Tod eines Emigranten dieser Zeit. Der bis heute eigenartig wirkende Vorname „Ödön" (Koseform – kein Schmäh – Ödi) ist übrigens schlicht die ungarische Variante von Edmund.

Erzherzogin Badewaschel

ISABELLA, ERZHERZOGIN (* 31. DEZEMBER 1741,
† 27. NOVEMBER 1763)

Die spanische Infantin Isabella von Bourbon-Parma heiratete
1760 den Thronfolger und späteren Kaiser Joseph II. (➡). Beide
waren 19 Jahre alt und Joseph verliebte sich sofort in die spanische Prinzessin. Auch Isabella dürfte sich bald verliebt haben,
allerdings nicht in Joseph, sondern in Josephs Schwester, Marie
Christine (die spätere Frau von Albert Kasimir von Sachsen-Te-
schen). Einige erhaltene recht deutliche Briefe Isabellas zeugen
von der offenbar tatsächlich intimen Beziehung zu ihrer damals
18-jährigen Schwägerin, die von Isabella „Mimi" genannt wurde.
Natürlich gibt es keine Beweise für die körperliche Ausübung
ihrer Liebe, aber die Briefe Isabellas (die von Mimi wurden später
konfisziert und sind nicht erhalten) sprechen durchaus für sich.
Und sind damit neben den Affären von Erzherzog Ludwig Viktor (➡) die einzigen Belege für homosexuelle Aktivitäten im Hause Habsburg. Obwohl man getrost von deutlich mehr ausgehen
kann.

Hier einige Zitate aus den Briefen: „Adieu, ich küsse Sie und
bete Sie an bis zu einem Grade, den ich nicht sagen kann. Ich
werde Ihnen aber doch sagen, daß es mir gut geht, daß ich gut
geschlafen habe, daß ich Sie rasend liebe und daß ich hoffe, Sie
gut zu küssen und von Ihnen geküsst zu werden.", „Allerliebster,
allerschätzbarster Schatz, ich habe dir schon schreiben wollen …
aber wer kann vor 7 Uhr schon auf seyen. Ich hoffe dich heute zu
sehen um halber 11. Adieu nochmal, ich küsse dein ertzengli-

sches arscherl …", „Du willst, ich soll dir schreiben baadwaschel, ich bin gantz gehorsam und werde von jetzt an allerweil Dich so heißen, weil es Dich so sehr gefreut, adieu." Als „Badewaschel" wurde an sich der Leibdiener oder die Dienerin bezeichnet, der oder die den im Bad sitzenden Adeligen wusch.

Die beiden Damen des Hofes tauschten auch als Geschenk Nachttöpfe aus – mit dem Wunsch, bei deren Benutzung an die jeweils andere zu denken. Die Affäre endete mit dem tragisch jungen Tod Isabellas im Alter von nur 22 Jahren. Joseph trauerte ihr noch lange nach. Marie Christine vermutlich auch.

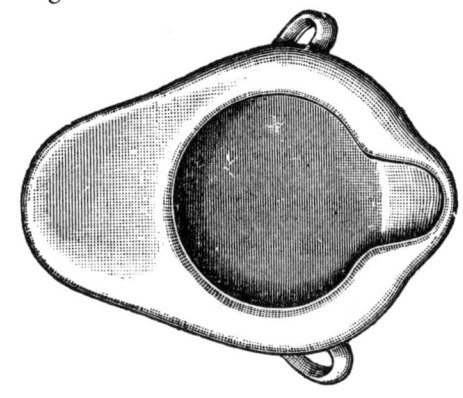

J

Orchidee „Kohlröschen"
JOHANN, ERZHERZOG (* 20. JÄNNER 1782, † 10. ODER 11. MAI 1859)

Heute vor allem durch den ihm gewidmeten Erzherzog-Johann-Jodler (☞ **Matthias Rattschüller**) und das nach ihm benannte Grazer „Universalmuseum" Joanneum in Erinnerung, war der Erzherzog einer der wichtigsten Erneuerer und Förderer seiner Zeit. Zu den von ihm angeregten Gründungen gehören unter anderem der Historische Verein für Steiermark, die Landesoberrealschule, die Steiermärkische Landwirtschaftsgesellschaft, die Steiermärkische Sparkasse, das Steiermärkische Landesarchiv, die Vordernberger berg- und hüttenmännische Lehranstalt (heute Montanuniversität Leoben), die Vordernberger Radmeister-Communität und die Wechselseitige Brandschadenversicherungsanstalt. Außerdem setzte er die Trassenführung der Südbahn über den Semmering und durch Mürz- und Murtal nach Graz durch. Weiters geht der Steireranzug und der steirische Kartoffelanbau auf ihn zurück. Obwohl loyaler Habsburger war er doch in vielen Punkten liberal, so auch in der Durchsetzung seiner Ehe mit der Ausseer Postmeisterstochter Anna Plochl (☞). Kurzzeitig tauchte der „steirische Prinz" auch auf der weltpolitischen Bühne auf. Damit ist nicht die Tatsache gemeint, dass er zum ersten Bürgermeister von Stainz gewählt wurde, sondern dass die Frankfurter Nationalversammlung ihn im Revolutionsjahr 1848 im Juli zum Reichsverweser wählte. Nach dem Scheitern der Märzrevolution legte der Erzherzog das Amt jedoch bereits im Dezember 1849 wieder nieder. Damit war er der letzte Habsburger, der, wenn auch nur provisorisch, über Deutschland herrschte, und zugleich das erste (von einem Parlament) gewählte gesamtdeutsche Staatsoberhaupt.

Übrigens ist auch eine am Dachstein heimische Orchideenart nach ihm benannt: das Erzherzog-Johann-Kohlröschen (Nigritella archiducis-joannis).

Jonas-Reindl

JONAS, FRANZ (* 4. OKTOBER 1899, † 24. APRIL 1974)

Franz Josef Jonas (dreimal darf man raten, wie seine Eltern auf
den Vornamen gekommen sind) war ein bedeutender Politiker
der Zweiten Republik. Unter anderem war
er Wiener Bürgermeister und später Bundespräsident. Sein Leben bietet in dem
Sinn eigentlich nichts Kurioses. Außer
vielleicht, dass er Esperantist (also An-
hänger der künstlichen Welthilfssprache
Esperanto) war, was aber zu seiner Zeit
durchaus auch als ein politisches Statement angesehen werden
konnte. Auch dass er der Bruder von Rudolf Jonas, Arzt, Bergsteiger sowie Mitbegründer und erster Vorsitzender der Österreichischen Himalayagesellschaft, dem 1971 die „Österreichische
Dr.-Rudolf-Jonas-Gedächtnisexpedition" gewidmet war, der die
Erstbesteigung des Dhaulagiri II. gelang, war, ist jetzt nicht wirklich so … Zwei mit seinem Namen verbundene Fakten sichern
ihm aber dennoch einen Platz in diesem Buch. Denn zum einen
erlosch in seinem Beisein am 27. November 1962 vor dem Haus
Sauragasse 28 im 13. Bezirk die letzte Wiener Gaslaterne. Und
zum anderen erinnert der semi-offizielle wienerische Ausdruck
„Jonas-Reindl" für den zu seiner Amtszeit errichteten Ver-
kehrsknotenpunkt Schottentor an ihn. Weniger bekannt sind
auch die auf ihn zurückgehenden Ausdrücke „Jonaswurm" für
die ersten neu eingeführten Gelenkzüge (der Typen D/D1) der
Wiener Straßenbahn und „Jonasgrotte" für die 1955 errichtete
Opernpassage, die damals erste moderne Wiener Unterführung
unter dem Ring, die beide ebenfalls in seine Amtszeit fallen.

AKA Graf von Falkenstein

JOSEPH II., KAISER (* 13. MÄRZ 1741, † 20. FEBRUAR 1790)

Joseph (Benedikt August Johann Anton Michael Adam) ist für vieles bekannt, vor allem aber dafür, dass er der Sohn von Kaiserin Maria Theresia (➡) war. Zu seiner Geburt hieß es damals in der Zeitung: „Heute in der fruhe zwischen 2 und 3 Uhr seynd Ihre Majestät die Königin zu Hungern und Böheim, Erz-Hertzogin zu Österreich, unsere Allergnädigste Landes-Fürstin und Frau eines schön- und wolgestalteten Ertz-Herzogen zu unaussprechlicher Freude Allerhöchster Herrschaften wie auch zum höchsten Trost alhiesiger Inwohner und gesamter Königl. Erb-Königreichen und Landen glücklichst entbunden worden (…)"

Außerdem war Joseph bekannt für seine Reformwut, die er mit der Heftigkeit eines Strohfeuers durchführte: groß, grell, heiß – aber in vielen Fällen wenig nachhaltig. Dennoch legte er hier wesentliche Grundsteine für eine gerechte Justiz, für das Ende von Versklavung und Verstümmelung, für Religionsfreiheit, moderne Medizin und so weiter. Auch den Prater, ein ehemaliges „Adelige only"-Jagdrevier, öffnete er für das Volk. So gesehen war Joseph durchaus ein besonderer, weil für seine Zeit recht moderner Mann. Wahrscheinlich einer der modernsten und am Leben des Volkes am meisten interessierten aller (regierenden) Habsburger. Er mischte sich etwa gern inkognito unters Volk und benutzte auch bei seinen vielen Reisen – er regierte kaum 25 Jahre und war von diesen 7102 Tagen 2260 unterwegs – eine Tarnexistenz als „Graf von Falkenstein". Dabei traf er auch die klügsten Köpfe seiner Zeit wie Rousseau und vermutlich auch Voltaire.

Diese Ausflüge gingen nicht immer gut aus. Weil er nach dem Tod seiner Frau keine weitere Gemahlin, keine Mätresse und auch keinen „Günstling" hatte, wurde er zwar „Ägyptischer Josef" genannt, lebte aber keineswegs zölibatär. Nur verlagerte er seine sexuellen Aktivitäten auf das Personal und frequentierte auch sogenannte „liederliche Häuser". Dort wollte er jedoch meist nicht viel zahlen, sodass er einmal am Spittelberg, als ihm der Preis zu hoch war, aus einem

„Etablissement" geworfen wurde. Daran erinnert heute noch eine Tafel an der Pforte zur heutigen „Witwe Bolte" (damals Löberl). Darauf steht: „Durch dieses Thor im Bogen/ist Kaiser Josef II. geflogen. Anno 1778." Trotz des Besuches dieser halblegalen Häuser verweigerte er, wie schon seine Mutter, die Einführung echter, legaler Bordelle. Und zwar angeblich mit den Worten: „Spannen Sie nur ein großes Tuch über Wien und seine Vorstadt, dann haben Sie gleich ohne Mühe – ein privilegiertes Hurenhaus."

Außerdem war er bekannt für seine spitze Zunge, fast jeder kennt den an Mozart (☞ Kapitel „Word-Rap") gerichteten Ausspruch über „gewaltig viele Noten" nach der Premiere von der „Entführung aus dem Serail". Seinen Bruder Leopold II. nannte er ob dessen Schar an 16 legitimen Kindern einen „trefflichen Bevölkerer". Über seinen Haupterzieher (Ajo), einen alten militärischen Haudegen, berichtete er: „Ich hab von meinem Ajo nichts gelernt als zu sagen: Leck mich am Arsch!" Er selbst wurde zur Zielscheibe mitleidigen Spotts durch den Dichterfürsten Geheimrat von Goethe, der bei Josephs Krönung zum deutschen König 1764 anwesend war und ihn als schmächtigen Jüngling, an dem das königliche Gewand herumrutschte, bezeichnete. Einige seiner rasch getroffenen Reformen wurden auch aufgrund des Widerstands der Bevölkerung schnell zurückgenommen. Wie die Einführung des „josephinischen Klappsargs", offiziell „Sparsarg" oder „Gemeindesarg" genannt, bei dem die Toten nicht mehr in einem eigenen Sarg beigesetzt wurden, sondern zur schnelleren Verwesung nackt in einen Sack eingenäht werden sollten. Diese Säcke wurden dann durch einen über dem Loch befindlichen und mit einer Falltür ausgestatteten Sarg in die Grube befördert. Außerdem diente diese Maßnahme der Einsparung des raren Gutes Holz. Sie musste aber schon nach einem halben Jahr zurückgenommen werden. Oft stand ihm aber auch die eigene Bürokratie im Weg, weshalb er einmal wetterte: „Bei den Hottentotten und Irokesen könnten nicht schauerlichere und lächerlichere Dinge sich ereignen als in der österreichischen Staatsverwaltung, besonders in den Hofstellen und in der Staatskanzlei." Dass die meisten seiner Ideen jedoch sozial und humanistisch ausgerichtet waren, bestreitet kaum jemand. Und er ging dabei sehr weit, um sich Dinge selbst vor Augen zu führen. So ließ er sich einmal in Brünn für eine Stunde in den hintersten Kerker des angeblich schlimmsten Gefängnisses des Reiches einsperren. Er kam hustend, blass und feucht wieder heraus und verfügte: „Ich war der letzte Mensch in diesen Räumen."

Mehr als griechischer Wein
JÜRGENS, UDO (* 30. SEPTEMBER 1934)

Udo Jürgens, eigentlich Jürgen Udo Bockelmann, kann mit gewissem Recht als einziger ernstzunehmender (männlicher) Chansonnier Österreichs der letzten Jahrzehnte bezeichnet werden. Gelegentlich, zumindest was sein mittleres bis späteres Werk mit kritischen und lyrischen Texten betrifft, völlig zu Unrecht in die Schlagerabteilung gestellt, wird hierzulande gerne übersehen, was für ein internationaler Popstar ersten Ranges Jürgens eigentlich war und ist. Lieber werden diverse Klischees von Zugaben im weißen Bademantel und von ehemaligen Vorlieben für „17-jährige Blondinen" ins Zentrum des Interesses gestellt. Nicht nur ist er Österreichs einziger Song-Contest-Gewinner (nach drei Anläufen! Wem gibt man heute so eine Chance?), er hat noch ganz andere Pfeile im Köcher und Federn am Hut: Er komponierte über 1000 Lieder, er hatte weltweit Erfolge und führte sogar einmal die japanischen Charts mit dem auf Japanisch

gesungenen Lied „Wakare no asa" – „Was ich dir sagen will" (Text: Joachim Fuchsberger) – an, das bis heute ein japanischer Evergreen ist. Sein Lied „Griechischer Wein" wurde unter dem Titel „Phile kerna krassi" eine Art griechisches Volkslied und auch von Bing Crosby und Al Martino aufgenommen. Und auch andere fremdsprachige Versionen seiner Lieder wurden international erfolgreich, er schrieb für Shirley Bassey („Reach for the Stars") und Frank Sinatra. Dieser konnte das Lied wegen einer Erkrankung nicht mehr aufnehmen und gab es an Sammy Davis Jr. weiter, der „If I had another Song" bis zu seinem Lebensende als Schlusslied bei Konzerten sang. Udo Jürgens schrieb auch symphonische Kompositionen und ein Musical („Helden, Helden" nach George Bernard Shaw). Ein weiteres Musical, „Ich war noch niemals in New York", wurde aus seinem Liedwerk zusammengestellt. 2011 wurde der TV-Zweiteiler „Der Mann mit dem Fagott" ausgestrahlt, der auf dem autobiografischen Roman gleichen Namens von Udo Jürgens selbst basiert und das Leben seines Großvaters, seines Vaters und sein eigenes schildert.

MERCI, JURY*

Die Geschichte Österreichs beim Eurovision Song Contest ist eine Geschichte voller Missverständnisse. Oder eher eine Geschichte der Irrungen und Wirrungen. Zwar bemühte sich auch unser Land mit den zahlreichen Mutationen des Events vom Schlagerfestival bis zur Mega-Pop-Show, Sprachenkaleidoskop bis eingebügeltem Pop-Englisch mitzuhalten, kam aber manchmal zu spät, manchmal zu früh und manchmal auch einfach zu gegen-den-Strich-gebürstet daher, um wirklich nachhaltig erfolgreich zu sein. Und seitdem es eine Vorrunde gibt, in der Österreich mit mittleren Leistungen mangels zusammenhaltenden Nachbarstaatenvotings (Skandinavier, Osteuropäer …) eh automatisch ausscheidet, ist die Erringung einer neuerlichen Bedeutsamkeit fraglich. Hier ein absichtlich lückenhaft zusammengefasster Überblick über mehr als 50 Jahre Song Contest, vollgestopft mit kuriosen Österreichern und Österreicherinnen.

Schon zum Auftakt 1957 schien der ORF mit einem westernmäßig angehauchten Schlager namens „Wohin, kleines Pony (willst du reiten)?" von einem gewissen Bob Martin nicht ganz zu verstehen, wohin er da eigentlich (Stichwort „Chanson") ritt beziehungsweise seine Barden sandte. Was gleich zum ersten letzten Platz für unser Land führte – allerdings nicht zum letzten Mal …

Das Niveau wurde noch eine Weile nicht besser („Der k.u.k. Kalypso aus Wien", Ferry Graf 1959) und änderte sich erst, als man mit Udo Jürgens (➡·) jemanden schickte, der die Erwartungen um das Genre Chanson zu erfüllen wusste. Aber auch er benötigte drei Anläufe („Warum nur, warum?", 1964; „Sag ihr, ich lass sie grüßen", 1965; „Merci, Chérie", 1966), bis sich Österreich

---

* Der Titel ist frech dem Buch und der CD gleichen Namens geklaut

zum ersten und einzigen Mal den Titel sichern konnte. 1967 folgte sogleich der Rückfall in den Schmalztopf: „Warum es hunderttausend Sterne gibt" von Peter Horten. Immerhin konnte der ORF 1968 durch den Zukauf von Karel Gott mit dem Lied „Tausend Fenster" gehobenen Schlager bieten. Nach einer schöpferischen Pause trat die stimmgewaltige Marianne Mendt 1971 mit der durchaus gefälligen Nummer „Musik" im Wiener Dialekt (!) an. Ergebnis leider dennoch nur Platz 16 von 18. Nachdem es die Proto-Schmetterlinge „Milestones" 1972 mit der folkigen Nummer „Falter im Wind" auf Platz 5 schafften, pausierte Österreich. 1976 konnten „Waterloo & Robinson" (☞ Kapitel „Austrotops") mit „My little World" den Erfolg mit einem erneuten Platz 5 wiederholen. 1977 sorgten dann die echten „Schmetterlinge" mit „Boom Boom Boomerang", einer sozialkritischen Parodie auf das Popbusiness (und den Song Contest selbst), für einen kleinen Skandal, der aber vor Ort gar nicht goutiert wurde: vorletzter Platz. 1978 gab's nettes Popgeplänkel („Mrs. Caroline Robinson" von „Springtime") und trotzdem nur Platz 15 von 18. 1979 das Kontrastprogramm: Eine veritable Ballade „Heute in Jerusalem" von Christina Simon war offenbar zu anspruchsvoll und landete wieder einmal am vorletzten Platz. Ein kleines Poplichtlein entzündete das Duo „Mess" 1982 mit „Sonntag", landete im Mittelfeld und bescherte Elisabeth „Lizzi" Engstler immerhin so viel nachhaltige Popularität, dass ihr einige Jahre später der Einstieg als ORF-Fernsehmoderatorin gelang, ein Beruf, den sie bis heute ausübt. 1986, die Wiederholung von 1979: anspruchsvolle Ballade („Die Zeit ist einsam" von Timna Brauer), vorvorletzter Platz. 1988 schockte und rockte Pop-Chamäleon Wilfried (☞ **Kapitel**

„**Word-Rap**") mit brüchiger Stimme. Er erntete mit „Lisa, Mona Lisa" aber nur Unverständnis und belegte daher sogar den letzten Platz. Belanglose Jahre folgten, bis sich Österreich 1996 mit dem sich selbst am Klavier begleitenden blinden Barden George Nussbaumer und einem bluesigen Song im Vorarlberger Dialekt „Weil's dr guat got" wieder einmal etwas traute – einmoderiert und angefeuert von Ministerin Elisabeth Gehrer (☞ Kapitel „Musikalische Seitensprünge"). Die Belohnung: Platz 10 von 23. Auch etwas untypisch das Entsenden der drei molligen Damen namens „The Rounder Girls" im Jahr 2000 mit „All To You".

2003 dann die mutigste Entscheidung Österreichs in diesem Bewerb bisher: Der Anarcho-Kabarettist Alf Poier verblüffte Europa mit seinem in breitem Steirisch vorgetragenen Song „Weil der Mensch zählt" und Reimen wie „Klane Hasaln ham kurze Nasaln". Es reagierte aber erstaunlich amüsiert (Island und Portugal gaben ihm jeweils 10 Punkte) und bescherte Alf Poier Platz 6 – die beste Wertung seit 1989 und eine Platzierung, die seitdem auch nicht mehr getoppt werden konnte. Eigentlich hätte Poier sogar noch mehr Punkte bekommen, da er das Televoting in Irland gewann. Da es dort aber technische Schwierigkeiten gab, wurde auf die Entscheidung einer Jury zurückgegriffen, die nicht so viel Humor besaß und ihm gar keine Punkte gab.

Seit damals gemischtes Programm aus Österreich mit geringem Erfolg. Überhaupt schafften nur noch zwei Vertreter (Tie Break mit „Du bist", 2004, und Nadine Beiler mit „The Secret is Love", 2011) den Eintritt ins Finale, wo sie jeweils letzte Plätze und somit insgesamt eine Mittelfeldposition erreichten.

Übrigens hier noch chronologisch alle letzten Plätze Österreichs: 1957, Bob Martin, „Wohin, kleines Pony?" (10. von 10); 1984, Anita, „Einfach weg" (19. von 19); 1988, Wilfried, „Lisa,

Mona Lisa" (21. von 21); 1991, Thomas Forstner, „Venedig im Regen" (22. von 22); 2012, Trackshittaz, „Woki mit deim Popo" (18. von 18 in der Vorentscheidung, insgesamt 43 von 43, ein neuer Negativrekord).

Die österreichischen Stimmen der Kommentatoren zum Song Contest im ORF errangen dagegen zum Teil Kultstatus. Vor allem Ernst Grissemann, der den Bewerb von 1970 bis 1998 mit insgesamt nur drei Jahren Unterbrechung süffisant kommentierte. Seit 1999 hat Andi Knoll (mit bisher einem Jahr Unterbrechung) diese Aufgabe übernommen. Kultstatus erlangten auch die bösartigen Live-Moderationen der österreichischen Kabarettisten Christoph Grissemann und Dirk Stermann auf FM4, die teilweise auch bis nach Berlin übertragen wurden. Und, ja, Christoph ist der Sohn von Ernst.

Woran die kontinuierlichen Misserfolge Österreichs genau liegen, ist schwer zu sagen. Jedenfalls liegt's nicht (immer) an den Liedern selbst. Denn der Song, mit dem Tony Wegas 1992 am Song Contest teilnahm, „Zusammen geh'n", wurde von einem der erfolgreichsten Hit-Komponisten und Popstars Deutschlands komponiert: Dieter Bohlen. Für uns erreichte das Lied den unauffälligen Platz 10. Einige Jahre später, 2003, verwendete Bohlen die Melodie praktisch unverändert für den Gruppensong der RTL-Casting-Show „Deutschland sucht den Superstar". Mit dem nunmehr englischen Titel „We Have A Dream" wurde das Lied die Nummer 1 der deutschen Charts und war 2003 einen Monat lang die meistverkaufte Single Deutschlands.

Life imitates art

KALINA, ROBERT (* 29. JUNI 1955)

Das Design der Eurobanknoten stößt nicht überall auf Gegenliebe. Besonders die 5-Euro-Scheine mit den aktuellen Veränderungen empfinden viele Menschen als DKT-Geld. Das grundsätzliche Konzept aber, das Brücken und Tore quer durch die Jahrhunderte und Baustile zeigt, bleibt unverändert. Und das stammt, was viele nicht wissen, von einem Österreicher. In einem internen Wettkampf der Nationalbanken ging damals das österreichische Konzept aus 44 Einreichungen als Sieger hervor. Die Brücken symbolisieren das Verbindende, die Tore den Zugang – aber was das Besondere daran ist und dem Schöpfer einen Eintrag in diesem Buch beschert: Ssämtliche Bauwerke gibt es gar nicht! Aus demselben Grund, weshalb auch keine Köpfe auf den Scheinen (wie zuvor auf fast allen Währungen üblich) zu sehen sind: Keine Nation sollte bevorzugt werden. So sind zwar die Stile real existierend, die konkreten Bauten aber nicht. Das heißt, fast. Denn die kleine holländische Gemeinde Spijkenisse hat im Jahr 2011 damit begonnen, die Brücken nachzubauen. Zwar nur klein und über ein paar Grachten, aber im richtigen Verhältnis. Ein klassischer Fall von „Life imitates art" und eine weitere Feder auf dem Hut von Robert Kalina. Damit nicht genug, stammen auch weitere Banknoten außerhalb der EU, nämlich der 200-Konvertible-Mark-Schein von Bosnien-Herzegowina und die Scheine des 2006 eingeführten Aserbaidschan-Manat, von Kalina.

Wie sein Name an der Tür
KARAJAN, HERBERT VON (* 5. APRIL 1908, † 16. JULI 1989)

Die künstlerische Bedeutung des international erfolgreichen Dirigenten Herbert von Karajan steht außer Zweifel. Ist hier aber nicht das Thema. Sehr wohl aber, dass es dem stolzen als „Heribert Ritter von Karajan" Geborenen gelang, trotz Abschaffung aller Adelstitel in Österreich, sein „von" offiziell als Namensbestandteil zu retten. Er drohte an, in Österreich nicht mehr aufzutreten, sollte auf den Plakaten sein Geburtsname nicht mehr erscheinen dürfen. Dem wurde nachgegeben, indem „Herbert von Karajan" einfach als Künstlername deklariert wurde – eine typisch österreichische Lösung. Neben seiner musikalischen Leistung war Karajan auch für seine Frisur weltbekannt. Er war auch in vielen Gebieten seines Handwerks, vor allem der Technik, die er früher auch parallel zur Musik studiert hatte, ein Vorreiter. Die ersten großen Aufnahmen klassischer Musik für die damals noch ganz neue „Compact Disc" entstanden in enger Zusammenarbeit zwischen ihm und Akio Morita, dem Chef und Gründer von Sony, abwechselnd mit den Wiener und den Berliner Philharmonikern. Karajan war sich seiner Bedeutung bewusst und sah sich vermutlich selbst auch als über anderen stehend. Was sich vielleicht am deutlichsten in einem Bereich zeigte, in dem sonst alle Menschen gleich sind: Wann immer möglich, bestand Karajan auf einem eigenen Klo. In Bayreuth hatte er etwa eines mit seinem Namen an der Tür, zu dem nur er den Schlüssel besaß.

Ausstellungserzherzog

KARL LUDWIG, ERZHERZOG (* 30. JULI 1833, † 19. MAI 1896)

Erzherzog Karl Ludwig Joseph Maria von Österreich war einer der jüngeren Brüder von Kaiser Franz Joseph (⇒). Er galt als nur mäßig begabt und auch nur wenig ehrgeizig. Immerhin sorgte er aber durch seinen Sohn Franz Ferdinand (⇒) nach Rudolfs (⇒) Tod für den Thronfolger und nach dem Tod Franz Ferdinands durch seinen Enkel Karl für den tatsächlichen Thronfolger und letzten Kaiser Österreichs, Karl I. Karl Ludwig war sonst vor allem ein treuer, wertkonservativer Habsburger, weshalb ihn die Familie gerne zu offiziellen Anlässen wie Bällen und Benefizveranstaltungen schickte. Dabei wurde er auch gleich dutzendfach „Protektor" verschiedenster Institutionen. Diese Tätigkeiten brachten ihm auch den Beinamen „Ausstellungserzherzog" ein.

Durch und durch katholisch, mit vielleicht leicht übertriebenem Sendungsbewusstsein, segnete er sogar gelegentlich im Vorbeifahren Passanten. Seine Frömmigkeit veranlasste ihn auch zu einer Reise ins Heilige Land. Dort trank er verseuchtes Jordanwasser und starb kurz darauf an einer schweren Infektion.

Fit durch „Kehring"

KOLLER, DAGMAR (* 26. AUGUST 1939)

Der Schauspielerin, Sängerin und Tänzerin Dagmar Koller ist das außergewöhnliche Schicksal widerfahren, nach dem Ende ihrer durchaus beachtlichen Karriere noch wesentlich größere Popularität zu genießen als zuvor. Sie wurde zur Schwulenikone, als Sängerin für House- und Techno-Produktionen herangezogen und tingelte quer durch alle deutschen Talkshows. Dabei scheint der hervorstechendste Mangel der sonst sehr talentierten und liebenswerten Künstlerin keine Rolle zu spielen: Es gelingt ihr nämlich selten bis nie, in der freien Rede einen korrekten Satz hervorzubringen. Nebensätze ohne Hauptsätze, Hauptsätze, die abrupt enden, um durch neue mit verwirrenden Wortstellungen und eigenartiger Wortwahl ersetzt zu werden, sind die Regel. Eine von ihr frei und live moderierte ORF-Sendung der Reihe „Wurlitzer" wurde via raubkopierten VHS-Kassetten Anfang der 1990er-Jahre in Wien zum Partyhit. Mittlerweile ist die Sendung auf YouTube zu sehen. Fit hält sich Koller übrigens durch eine von ihr selbst entwickelte Technik. Da im Hof ihrer Sommerresidenz in Portugal immer so viel Laub zusammenzurechen sei, betrachte sie das als Fitnessübung. Und hat auch einen Namen dafür geprägt: „Kehring".

Die dunkle Seite der Macht
KRANKL, HANS (* 14. FEBRUAR 1953)

Neben seiner legendären sportlichen Karriere (3:2-Cordoba-Tor-schütze, Bundestrainer ...) hat der als Johann Krankl Geborene auch eine veritable Popkarriere zu bieten, um die ihn so manch anderer Austropopper durchaus beneiden könnte: Er veröffent-lichte – unter dem „Pseudonym" Hans K. – insgesamt zehn Sing-les und drei Alben und errang mehrere Chartplatzierungen (2. Platz mit „Lonely Boy"); seine ersten zwei Schlagersongs aus dem Jahre 1974 bezeichnet er selbst allerdings als „die dunkle Seite der Macht". Er sang zwei amerikanische Weihnachtsklassiker auf Wienerisch ein: 2002 „Rudi (des rotnoserte Rentier)" und 2003 „Jingle Bells". 2008 erschien seine bisher letzte Platte „Best of – Wo san nur die Zeiten hin". Er sang gemeinsam mit Lukas Rese-tarits, Kottans Kapelle und auch ein grün-weiß-violettes Duett mit Toni Polster (☛ Kapitel „Musikalische Seitensprünge"). Neben „Der Sänger Hans K." hat Krankl auch noch andere Beinamen, etwa „Der Nachtfalke", der auf eine von ihm moderierte Sendung auf Ö3 zurückgeht, oder „Bätman" nach einem seiner Hits. Zwar sind seine sprachlichen Kapriolen nicht ganz so markant wie die seines Dativ-Akkusativ-legasthenischen Kollegen Herbert Pro-haska, aber Krankls berühmte Aussage „Wir müssen gewinnen, alles andere ist primär" wurde unter anderem sogar von der deutschen Band Sportfreunde Stiller in einem Lied verarbeitet.

Das Ende der Donaumonarchie
KRAUS, ALOIS (* 22. MAI 1840, † 6. APRIL 1926)

Was nur wenige wissen: Am Untergang der Donaumonarchie ist nicht der Erste Weltkrieg schuld, sondern Alois Kraus. Zumindest nach der Meinung von Numerologen, Mystikern und Kabbalisten. Alois Kraus, zur Zeit eines größeren Umbaus des Schönbrunner Zoos der Menageriedirektor, ließ nämlich unwissentlich einige der Baumringe und Kraftlinien zerstören, die Kaiser Franz I. Stephan (☞ Maria Theresia) zur Stärkung des Hauses Habsburg nach geheimwissenschaftlichen Plänen dort errichtet hatte.

Eine 10-stündige Oper
LEOPOLD I., KAISER (* 9. JUNI 1640,
† 5. MAI 1705)

Unter den optisch meist eh nicht so ansprechenden Habsburgern (☞ Kapitel „Immer diese Habsburger") war Kaiser Leopold I. (genau Leopold Ignatius Joseph Balthasar Felician) ein besonders unansehnliches Exemplar. Dafür hatte er andere Talente, die ihm auch den Namen „der hässliche Musikus" einbrachten. Perfekt zusammengefasst wird beides in einem berühmten Gemälde von Jan Thomas, das den Kaiser in einem roten Theaterkostüm zeigt, mit einem Muppet-artigen Gesicht, bestehend aus runden Knopfaugen, beachtlicher Nase, schmalem Oberlippenbart und einer gigantischen Unterlippe. Er galt als intelligent, gebildet und seine Beschäftigung mit der Musik war nicht nur adeliges Dilettantentum, sondern eine echte Begabung. Er verfasste insgesamt 79 kirchliche Kompositionen (darunter acht Oratorien) und 155 weltliche (darunter neun „feste teatrali" und 17 Bände Ballett mit 102 Tänzen). Von diesem Output sind heute noch drei deutsche Singspiele, zwei deutsche Oratorien und einige Kirchenlieder erhalten.

Obwohl erzkatholisch und eigentlich für eine kirchliche Laufbahn vorgesehen, war er zum einen politisch gar nicht so unwichtig (zum Beispiel fällt die zweite Wiener Türkenbelagerung in seine Amtszeit) und zum anderen war er der einzige bombastisch-pompöse Barockherrscher des Hauses. Er gab im Gegensatz zum Rest der als sparsam bekannten Habsburger Unsummen für Feste aller Art, Feuerwerke und so weiter aus. Die von ihm mitkomponierte Oper „Il pomo d'oro" („Der Goldene Apfel") anlässlich des Geburtstags der Kaiserin etwa dauerte auf zwei Tage verteilt 10 Stunden, hatte 65 Bühnenbilder und kostete 100.000 Gulden. Außerdem ließ er extra dafür ein würdiges Komödienhaus nach dem Vorbild Venedigs errichten. Bei einem anderen Fest wurden 73.000 Glutbälle, 300 Raketen, 10 Mörserladungen und 30 Riesenraketen abgefeuert. Auch den Neubau des Schlosses Schönbrunn in seiner heutigen Gestalt hatte er veranlasst. Die Fassadenfarbe von Schloss Schönbrunn war übrigens ursprünglich rosa. Das Kaisergelb existierte zu Leopolds Zeiten noch gar nicht. Und unter seiner Herrschaft ging das „Wienerische Diarium" in Druck, später in „Wiener Zeitung" umbenannt ist sie eine der ältesten heute noch erscheinenden Tageszeitungen der Welt. Im Übrigen bestand er penibel auf jedes noch so absurde Detail des spanischen Hofzeremoniells. Die einzige Ausnahme: der Fasching. Da ließ er die Hofburg als Landwirtshaus „Zum Schwarzen Adler" verkleiden – mit dem Kaiser und der Kaiserin als Wirtsleuten.

Kugelmugel in der EU?

LIPBURGER, EDWIN (* 1928)

Der Künstler Edwin Lipburger ist besonders durch seine „Ämter" als Bürgermeister des Ortes Kugelmugel und Präsident der Republik gleichen Namens bekannt. Denn 1971 errichtete Lipburger im niederösterreichischen Katzelsdorf ein Haus in Form einer Kugel mit einem Durchmesser von acht Metern. Ohne Baugenehmigung. Und stellte Ortsschilder mit dem Namen „Kugelmugel" auf. Die Reaktion der örtlichen Behörden: gerichtliche Klagen wegen – unter anderem – Amtsanmaßung. Darauf trat Lipburger aus Österreich aus und erhob Kugelmugel 1976 zur Republik. Die Sache eskalierte, Lipburger kam kurzzeitig ins Gefängnis und das Haus sollte abgerissen werden. In letzter Sekunde bot Wiens (damaliger) Kulturstadtrat Helmut Zilk (⇒) der Republik Kugelmugel Asyl an. Seit 1982 steht die Kugel nun im Wiener Prater in der Nähe des Riesenrads. Auf dem „Antifa-

schismusplatz", eine inoffizielle Benennung durch Lipburger. Das Haus ist umgeben von einem Stacheldrahtzaun gleicher Bauart wie die frühere Grenze zum ehemaligen Ostblock.

Lipburger stellte Pässe der Republik Kugelmugel aus, nahm Briefe mit Briefmarken der Republik Kugelmugel entgegen, die er einmal pro Jahr per Rad, aber dafür in ganz Österreich auslieferte. Inzwischen nennt er sich Edwin Lipburger-Kugelmugel und führt als „Generalvolksanwalt" der Republik einen Kampf

gegen die Gemeinde Wien um nie erfolgte Strom- und Wasser-
anschlüsse. Die Republik ist folgerichtig auch nicht unter einer
.at-, sondern durch eine Dot-com-Adresse im Internet vertreten,
auf der man sich auch Lipburgers Ansprachen anhören kann. Da
Kugelmugel nie der EU beigetreten ist, gehört die Republik auch
nicht dem Schengenraum an. Sie ist bis dato außerdem ebenfalls
kein Mitglied der UNO.

Kein keusches Exil

LUDWIG VIKTOR, ERZHERZOG (* 15. MAI 1842, † 18. JÄNNER 1919)

Erzherzog Ludwig Viktor Joseph Anton von Österreich war der
jüngste Bruder Kaiser Franz Josephs (☞). Er war der einzige – soweit damals möglich – in der Öffentlichkeit bekannte homosexuelle Habsburger (☞ **Isabella von Bourbon-Parma**). Ludwig Viktor
war unter dem Spitznamen „Erzherzog Luziwuzi" bekannt und
trug gerne Frauenkleider, in denen er sich auch zeigte. Vom Erzherzog „in drag" existieren sogar mindestens zwei Fotos. Die
Vorliebe hatte er offenbar schon als Kind aufgeschnappt, da seine Mutter (Sisis Schwiegermutter), die sich nach drei Söhnen
eine Tochter gewünscht hatte, ihn gerne als Mädchen verkleide-
te. Es gab viele Gerüchte und Skandale rund um den Erzherzog.
So gelangten goldene Uhren, die Angehörige des Kaiserhauses
an Bürger für besondere Verdienste vergaben, zeitweise durch
eine Reihe junger Herren und Burschen inflationär in die Wiener Pfandleihanstalt Dorotheum. Überliefert ist auch eine heiße
Affäre mit einem Fiaker. Immerhin wurde Ludwig Viktor aber
vom Kaiser 1886 zum Aufseher über das 1880 gegründete Rote
Kreuz bestellt.

Den Höhepunkt erreichten seine Geschichten mit einem Skandal in einer öffentlichen Badeanstalt (eher eine Art Wellness-Spa). Die damals Centralbad genannte Einrichtung, deren Bau der Erzherzog angeblich mitfinanziert hatte, frequentierte er öfter mit „n'importe qui" – „egal wem", wie eine Zeitgenossin notierte. Dort kam es 1906 zu einem Handgemenge, bei dem der Erzherzog, angeblich nach einer unsittlichen Annäherung an einen Offizier, eine Ohrfeige erhielt und vom Ort des Geschehens floh. Das übrigens immer schon einschlägig beleumundete Bad wurde in den 1970er-Jahren unter dem Namen „Kaiserbründl" als „Herrensauna" wiederbelebt und existiert noch heute.

Um dem Ruf der Familie nicht noch weiter zu schaden, wurde Ludwig Viktor nach diesem Skandal – immerhin schon im stolzen Alter von 64 Jahren – auf sein Schloss Kleßheim in Salzburg exiliert. Dort führte er seinen Lebensstil aber fort. Unter

anderem lud er oft Soldaten einer nahe gelegenen Kaserne zum Schwimmen in seinen Swimmingpool ein. Wo diese dann feststellten, dass es im Haus des Erzherzogs alles gab – nur keine Badehosen. Schließlich wurde eine Order erlassen, die die Soldaten dazu anhielt, Einladungen des Erzherzogs in sein Schloss unter höflichen Vorwänden abzulehnen. Ludwig Viktor wurde 1915 entmündigt und starb 1919 im Exil „in geistiger Umnachtung".

Der Kaiser, der von der homosexuell-transvestitischen Veranlagung seines Bruders stets wusste, soll einmal gesagt haben: „Man müßt' ihm als Adjutanten eine Ballerina geben, dann könnt' nix passieren."

Der Alte Markt in Salzburg war zeitweise nach ihm „Ludwig-Viktor-Platz" benannt und die Lehener Brücke über die Salzach hieß bis 1967 „Erzherzog-Ludwig-Viktor-Brücke". Sein Palais an der Wiener Ringstraße, Ecke Schwarzenbergplatz, beheimatet heute unter anderem den Proberaum des Wiener Burgtheaters (auch Kasino genannt). Über dem Eingang thront noch immer sein persönliches Wappen.

Tennis, Austropop & Chris Lohner
LUMSDEN, LANCE (* 30. OKTOBER 1939, † 18. JUNI 2011)

Lance Lumsden, in Jamaika geborener Tennis-Profi, fiel der breiten Öffentlichkeit vor allem mit seiner Fernsehsendung „Happy Tennis" auf. Darin brachte er in den 1970er-Jahren den Österreichern den bis dahin als eher elitär angesehenen Tennissport näher. Und war damit auch der erste Schwarze, der es in Österreich zu Popularität und Ansehen brachte. (Wenn auch nicht nachhaltig, wie leider noch heute Reaktionen auf weitere „erste" Schwarze in der Öffentlichkeit wie Fußballer David Alaba oder Marie-Edwige Hartig, Gemeinderätin der Grünen in Linz, zeigen.) Später prägte Lumsden die österreichische Tennisszene sowie auch den Austropop mit. So gründete er zwei Tenniszeitschriften und die Musikzeitschrift „MusicMan". Außerdem sang er selbst und coachte mehrere Austropopper in spe wie Goldie Ens. Einiges an Klatschspaltenpopularität erlangte er durch seine Beziehung mit – und Trennung von Chris Lohner.

Tirol in Brasilien
MARIA LEOPOLDINE, ERZHERZOGIN (* 22. JÄNNER 1797,
† 11. DEZEMBER 1826)

Leopoldine, Erzherzogin von Österreich, von den Wienern kurz
„Poldl" genannt, war die erste Kaiserin von Brasilien, weshalb
die Flagge Brasiliens neben dem portugiesischen Königsgrün
auch heute noch das österreichische Kaisergelb beinhaltet. Was
vermutlich keiner der Fußballfans ahnt, wenn er sich diese Far-
ben ins Gesicht schmiert. Da sich ihr Mann, der eigentliche Kaiser, nicht viel um sein Land kümmerte, gilt sie bis heute als die
Gründermutter Brasiliens. Weshalb „Imperatriz Leopoldina"
und Österreich auch schon einmal die Hauptthemen des Karnevals in Rio waren. Auch eine berühmte Samba-Schule, die den
Bewerb des Karnevals bereits acht Mal gewonnen hat, trägt ihren
Namen.

Außerdem ist sie die Verursacherin eines bis heute bestehenden brasilianischen Kuriosums. Ab dem Jahr 1824 rief die Kaiserin nämlich vor allem deutschsprachige Einwanderer nach Brasilien. Zahlreiche Siedlungen entstanden, die noch heute von den
Nachkommen der damaligen österreichischen Auswanderer be-
wohnt werden und österreichische Namen tragen. Einer dieser
Orte ist das Dorf Tirol (oder Colonia Tirol), in dem immer noch
teilweise Deutsch gesprochen wird. Außerdem sind dort noch
immer Tiroler Familiennamen wie Schöpf, Walcher und Siller
verbreitet. Durch einen Besuch des damaligen Tiroler Landes-
hauptmanns Alois Partl im Oktober 1993 wurde auch der Kontakt zu Österreich nach gut 150 Jahren wieder aufgefrischt. Unter

anderem führten Spenden zur Errichtung des ersten Gästehauses im Dorf Tirol und somit zum Beginn des organisierten Tourismus.

Ein Orden für Befehlsverweigerung

MARIA THERESIA, KAISERIN (* 13. MAI 1717, † 29. NOVEMBER 1780)

Maria Theresia war zwar die regierende Erzherzogin von Österreich und die Königin von Ungarn, Kroatien, Böhmen und so weiter – aber Kaiserin war sie nicht. Obwohl sie nach der (von ihr eingefädelten) Krönung ihres Gatten Franz I. Stephan zum römisch-deutschen Kaiser bereits zu Lebzeiten als solche tituliert wurde. Auch sie selbst nannte sich so. Und als solche herrschte sie auch. Ihre zahlreichen Kinder (16, von denen 10 das Erwachsenenalter erreichten) wurden unter anderem Kaiser (Joseph II., Leopold II.), italienische RegentInnen (Parma, Toskana, Neapel-Sizilien, Lombardei), Königin von Frankreich (Marie Antoinette) sowie Ordensleute bis hin zum Erzbischof von Köln. Jedenfalls galt sie zu Recht als „Schwiegermutter Europas". Maria Theresia kümmerte sich übervorsorglich um ihre Kinder, vernachlässigte aber auch ihre ehelichen Pflichten nicht, weshalb sich die „ewigschwangere Kaiserin" einen umschnallbaren Schreibtisch inklusive Tintenfass konstruieren ließ, um beim Lesen und Unterschreiben von Dokumenten im Garten spazieren gehen zu können.

Genannt wurde sie in der Familie (und leise auch vom Volk) übrigens Reserl; ihrerseits nannte sie ihren Gatten, den Kaiser, gern „Mäusl" oder auch „mon cher Alter". Überhaupt dürfte sie sich recht wienerisch ausgedrückt haben. Erhalten ist ein vielsagender Ausruf. Als ihrem Sohn Leopold II. ein männlicher Erbe geboren ward, lief sie schon im Nachtgewand nur mit einem übergeworfenen Mantel in die Hofloge des ehemaligen Burgtheaters und rief den Wienern zu: „Denkt's enk, der Poldl hat an Buabm, und grad auf mein' Hochzeitstag – alstern der is galant, is net wahr?"

Abgesehen von ihren Schwangerschaften wurde sie auch im Alter ausgesprochen dick und konnte sich kaum bewegen. In Schönbrunn wurde sie auf einem Kanapee mit Seilen hinauf- und hinunter-, aber auch von Raum zu Raum gezogen. In der Hofburg ließ sie angeblich deswegen die Augustinerrampe und die Rampe zum auf der anderen Seite gelegenen Balkon namens „Bell' aria" errichten. Nach der Zufahrt zu diesem ist heute noch die Bellariastraße benannt. Diese Rampen dienten dem Zweck, die Herrschaften mit der Kutsche in die oberen Stockwerke zu bringen …

Besonders kurios ist der nach ihr benannte „Maria-Theresien-Orden", der kurz zusammengefasst ein Orden für militärische Insubordination war. Er wurde 1241 Mal vergeben und der letzte Träger, ein k.u.k. Marineflieger, starb 1986. Er konnte jedem unabhängig von Rang und Stand verliehen werden, und zwar für eine wörtlich „besondere herzhafte That", explizit für die „Eigeninitiative einer militärischen Leistung im Gefecht". Der eigenartige Orden war also eine militärische Auszeichnung für Befehlsverweigerung – allerdings nur im Falle des Gelingens der Aktion …

Der ebenfalls nach ihr benannte Maria-Theresien-Taler, eine Silbermünze, war als besonders sicheres Zahlungsmittel sehr beliebt und wurde weltweit als Währung akzeptiert. In einigen Gegenden des Nahen und Mittleren Ostens sogar noch bis in die Mitte des 20. Jahrhunderts. Im arabischen Raum wurde er aufgrund des Bildes darauf auch Abu Kush („Vater des Vogels" oder „der mit dem Vogel") oder Abu Noukte („Vater der Perlen" – auf dem Diadem der Kaiserin sind Perlen) genannt.

In dem Versuch, auch aus Österreich eine Kolonialmacht zu machen, ließ die Kaiserin einen holländischen Kapitän des Schiffes „Joseph und Maria" 1778 vier Inseln der Nikobaren annektieren. Die „Kolonie" bestand fünf Jahre, bis der letzte der dort ohne Unterstützung zurückgelassenen sechs „Besatzer" verstarb. Eine der Inseln heißt jedoch bis heute „Teresa". Diese Kolonisierung hatte aber auch ihr Gutes: Nachdem der Tsunami im Jahr 2004 mindestens 10.000 Nikobaresen – darunter auch die meisten kulturbewahrenden älteren Einwohner – tötete, konnten Vertreter der Inseln 2005 durch die Sammlung nikobaresischer Objekte im Museum für Völkerkunde viele Informationen über ihre alte Kultur zurückgewinnen.

Römischer Wiener
MARK AUREL, RÖMISCHER KAISER (* 26. APRIL 121, † 17. MÄRZ 180)

Mark Aurel oder Marcus Aurelius Antonius Augustus ist ein gleich in mehrfacher Hinsicht wichtiger römischer Kaiser. Alle diese Hinsichten ignorieren wir hier aber und wenden uns dem einzigen Grund zu, aus dem er in diesem Buch vorkommt. Im Zuge des Zweiten Markomannenkriegs (Details bitte selber nach-

schlagen) starb Mark Aurel an einer nicht mit Sicherheit geklärten Krankheit (Pest oder Krebs) in Wien beziehungsweise in Vindobona. Und begründete damit den bis heute anhaltenden Trend, in Wien verstorbene Prominente einzugemeinden und zu Wienern zu erklären, egal woher sie stammen. Folgerichtig erinnert so einiges in Wien an „unseren" Kaiser (die Marc-Aurel-Straße im 1. Bezirk, eine Statue ebenda …). Aber auch ein Abguss des berühmten Reiterstandbildes des Kaisers (zum Beispiel auf der italienischen 50-Cent-Münze abgebildet) in Tulln an den Verstorbenen. Alternative Quellen, aus denen hervorgeht, dass Mark Aurel eventuell in Sirmium (heutige serbische Vojvodina) gestorben ist, wollen wir hier aus vollem Herzen ignorieren.

WIENER ORIGINALE

Ich sag's gleich, ich finde den zusammenfassenden Titel „Wiener Originale" nicht besonders originell. Unter anderem weil ihn ein Hauch von Altbackenem umweht. Es gibt aber kaum eine bessere Bezeichnung für jene Spezies Mensch, die in den letzten Jahrzehnten dadurch Bekanntheit erlangte, dass sie das Wiener Stadtbild mit ihrer Präsenz und weniger oder mehr seltsamen Aktivitäten belebte. Vermutlich kein neues Phänomen und sicher auch kein auf Wien beschränktes (hier bin ich für sachdienliche Informationen offen). Aber die folgenden Personen lassen sich eben recht gut zu einer Gruppe zusammenfassen und haben durch ihr Tun im öffentlichen Raum zum Teil auch breiteren bis internationalen Ruhm erlangt.

Beginnen wir also gleich mit dem König dieser Disziplin, Ludwig Weinberger geheißen (1914–1996), genannt „Waluliso". Der ehemalige Buchbinder und Handelsvertreter vertrieb sich seine Pension, indem er als eine Art „Friedensapostel" in weißer Toga durch die Wiener Innenstadt – bevorzugterweise auf der Kärntnerstraße und dem Naschmarkt – spazierte. Auf dem Kopf ein Lorbeerkranz aus Olivenzweigen, in der einen Hand einen Hirtenstab (manchmal mit einer Fahne versehen), in der anderen meist Äpfel, die er gelegentlich an Passanten verschenkte. Gerne hob er dabei die Hände und rief in unregelmäßigen Abständen mit hoher Stimme „Friiiiiede!". Er hielt auch gerne Spontanpredigten, die wie sein ganzes Friedenskonzept in sich nicht ganz schlüssig und besonders ausgeklügelt klangen und die sich auf die Inhalte „Frieden und Liebe statt Krieg und Hass" und „Zurück zur Natur" reduzieren lassen. So war auch sein Künstlername eine Abkürzung für Wald, Luft, Licht und Sonne. Neben seinem kuriosen bloßen Sein im Wiener Stadtbild brachte es Weinberger zu einiger Anerkennung: Es gab Postkarten mit ihm, blaue Waluliso-Aufkleber, die noch Jahre nach seinem Tod auf Autohecks zu sehen waren. Die Fotos, die von ihm mit und von Touristen existieren, gehen wohl in die Zigtausende. Seine Botschaft wurde auch in verschiedenen Medien verbreitet, unter anderem lieferte er den Sprechgesang für die Nummer „Wir bauen ein Haus" (1982) der österreichischen NDW-Gruppe „Blümchen Blau". Unter seiner Toga trug er übrigens meistens nichts, was er auch zeitweise durch ein exhibitionistisches Lüpfen derselben demonstrierte. Und justament dieses führt zum einzigen sozusagen politischen Anliegen, für das Waluliso eintrat und das er auch tatsächlich erkämpfte: Er sammelte Unterschriften für den Erhalt der Donauinsel als Erholungsgebiet. Die Errichtung von FKK-Zonen an den beiden Enden der Insel und jeweils beiden Ufern der Neuen Donau gehen auf seine Initiative und sein Lobbying zurück. Im Gedenken an ihn wurde daher auch die Fußgängerbrücke „Walulisobrücke" in der Nacktbadezone am südlichen Ende benannt, die die Insel mit dem Ufer der Neuen Donau verbindet. Und die auch gerne nackt benutzt wird.

Fast so bekannt, wenn auch nicht so extrovertiert auftretend, war Lucia Westerguard (1912–2008), eine ehemalige Zirkusartistin und Straßenmusikerin, die durch zwei Dinge besonders auffiel: durch ihr fortgeschrittenes Alter und dadurch, dass sie als zierliche Frau ausgerechnet Saxophon spielte. Zu einer Zeit als Straßenmusiker und -künstler (und da besonders Künstlerinnen) noch eher selten waren und europäische Innenstädte noch nicht durch akrobatische und musikalische Vielfalt zu permanenten Jahrmärkten machten. Das brachte der meist eher unauffällig an der Pestsäule am Graben musizierenden Künstlerin auch den

Namen Saxophon-Lady ein. Ihr Leben wurde öfter medial verarbeitet (ausführlich in den Filmen „Alles ist ein Wunder – Ein Artistenleben" oder „Jessas na – Wiener Originale") und wies fast durchgehend eine tragische Note auf. So sparte sie Jahrzehnte auf ein eigenes Varieté und hatte schon ein kleines Vermögen beisammen, das sie aber leider zu Hause verwahrte, wo es ihr von Trickdieben gestohlen wurde. Diese und andere Schicksalsschläge nahm die 95-Jährige mit dem Puppengesicht und dem mädchenhaften Gehabe hin, verlor dabei nie den Optimismus und ihren Drang, anderen zu helfen. Wie ihrem Mann, Dirk Westerguard, den sie in ihrer kleinen Dachmansardenwohnung (im Haus mit den Neidhartfresken) ohne Aufzug bis zu seinem Tod im Alter von 102 Jahren pflegte. Bei ihren gemeinsamen Auftritten in den Zirkussen und Varietés Hagenbeck, Renz, Ronacher, im Volkstheater und auf zahlreichen Zirkustourneen war er der starke Mann, während sie sang, tanzte, Saxophon spielte und ihr Können als Bodenakrobatin zeigte. Beide traten 1996 auch in einer Inszenierung von „Beckett im Altersheim" im Theater im Künstlerhaus auf.

Ihr Instrument war übrigens wesentlich älter als sie und wurde vor 1900 konstruiert. Immer noch einen Funken Showmensch in sich tragend, spielte sie noch mit 95 Jahren in einem glitzernden Kleid auf der Straße.

Andere Originale in den Straßen Wiens waren etwa der „Rosenkavalier", der stets gut gekleidet mit einem Strauß Rosen unterwegs war, die er an Passantinnen seiner Wahl verschenkte. Oder der Herr in seinem etwas aus der Mode gekommenen Anzug, der sich bevorzugt Damen näherte und verschwörerisch singsangte „Musudi, meine Damen, Musudi! Ihr großes Glück! Musudi!". Dabei händigte er Visitkarten seines Geschäfts aus.

Darauf konnte man lesen, dass das geheimnisvolle Wort die Abkürzung für Muster-Such-Dienst war. Der Herr hatte nämlich ein Stoffgeschäft mit dem Spezialangebot, beim Ausbessern von Kleidungsstücken den jeweils richtigen Stoff mit dem korrekten Muster liefern zu können. In der Nachkriegszeit sicher eine tolle Sache, ab den 1970er-Jahren vermutlich kein großes Business mehr. Heute wären seine Dienste wohl wieder gut zu gebrauchen, sinnvollerweise gleich aber als App.

In die Riege der Originale einzureihen, aber auch ein Grenzfall zwischen Künstler und Aktivist ist der Autor Helmut Seethaler (* 1953), auch bekannt als „Zettelpoet". Seit den 1970er-Jahren befestigt er seine kurzen Gedichte und Aufrufe als kopierte Zettel in der Größe von Visitkarten bis zu DIN-A4 an langen Klebebändern, die er zwischen Verkehrszeichen oder Laternenmasten spannt oder an Baustellen und in Stationen der öffentlichen Verkehrsmittel befestigt. Oder um Bäume wickelt. Die Zettel sind nur lose befestigt und sollen von den Passanten nicht nur gelesen, sondern auch „gepflückt" und mitgenommen werden. Das brachte Seethaler gut 3300 Klagen wegen Sachbeschädigung ein, nach einem einschlägigen Urteil von 1998 werden seine Aktionen mittlerweile aber als Kunst im öffentlichen Raum angesehen und geduldet. Zuletzt wurde er wieder mehrmals angeklagt und auch verurteilt, weil er seine Botschaften nunmehr an mehreren Stellen mit Textmarkern hinterlassen hatte. Dem Drucken seiner Werke in Büchern hat sich Seethaler lange verweigert. Auch ins Internet hat er seine Aktivitäten mittlerweile verlagert (www. hoffnung.at) und präsentiert täglich ein neues Gedicht auf seinem Anrufbeantworter. Seethaler ist aktiv, sonst beleben derzeit keine neuen „Querulanten" die Wiener Innenstadt. Aber wer weiß, der nächste lauert vielleicht schon um die Ecke …

Leckt's mi am Oasch

MARON, SIGI (* 14. MAI 1944)

Sigi (eigentlich Siegfried) Maron ist ein „Protestsänger" von altem Schrot und Korn. Diese besonders in den 1970er-Jahren weitverbreitete Spezies, die sich mit Mann (seltener Frau) plus Gitarre plus politischer Einstellung zusammenfassen ließe, tritt seither immer seltener in Erscheinung. Manche wurden Literaten, andere Kabarettisten oder Schauspieler, manche Politiker, einige Musiker und viele gingen in ihre bürgerlichen Berufe zurück, die sie meist eh nie ganz aufgegeben hatten. Und manche singen noch. Zwar war und ist auch Maron in einigen der oben genannten Alternativbeschäftigungen tätig, dennoch fällt es schwer, sich den streitbaren Mann im Rollstuhl (er erkrankte 1956 an Kinderlähmung) anders als mit einer Gitarre in der Hand gegen die Gesellschaft ansingend vorzustellen. Das zeigen auch einige seiner Aktionen der letzten Jahre. Etwa im „Fall Lutz". Die Möbelfirma, manchmal mit, manchmal ohne XXXL, verwendete jahrelang in allen ihren Spots die Catchphrase „Oiso, i find des supa". Der Satz wurde von Maron während der Dreharbeiten zur Serie „Tohuwabohu" aufgenommen. Da das Originalband nicht mehr auffindbar ist, konnte Maron nie gegen die Firma Lutz vorgehen, die die Aufnahme weiterhin als herrenloses Gut verwendet. Da aber auch Lutz im Zweifelsfall die Herkunft nicht beweisen könnte, gab Maron die Aufnahme auf seiner Homepage frei und forderte „jederfrau und jedermann" auf, sie „jederzeit für jeden Zweck zu verwenden". Dort kann man das File auch bis heute als WAV oder MP3 downloaden.

Over-Ground-Bekanntheit erlangte Maron vor allem durch diese Teilnahme bei „Tohuwabohu" – und mit seinem größten

Hitparadenerfolg (Ö3 Nummer 1) „Geh no net furt". Leider war das Lied eine unbewusste Übernahme (oder Nacherfindung) der Melodie des Kinks-Liedes „Don't Forget To Dance". Die Rechteinhaber und Maron einigten sich infolge außergerichtlich und der Song firmiert heute offiziell als Cover-Version. Im Juli 2013 gab es eine Kampagne auf Facebook, Sigi Maron als österreichischen Vertreter zum Eurovision Song Contest 2014 zu schicken. Basierend auf einem eigenen Posting, in dem er sagte: „Ich fordere hiemit den ORF auf, mich zum songcontest 2014 zu schicken (…) endlich ein kontrast in gestalt eines kleinen, dickbäuchigen, glatzerten rollstuhlfahrers. ohne schnickschnack auf die bühne und wegfetzen und die sau rauslassen."

Mit solchen Aktionen und Hits aus Eigenproduktion wie „Leckt's mi am Oasch" bestätigt Maron immer wieder seine Position als coolste Sau im österreichischen Musikgeschäft.

Ei welch' schöner Brunn'!
MATTHIAS, KAISER (* 24. FEBRUAR 1557, † 20. MÄRZ 1619)

Kaiser Matthias ist nicht gerade rasend bekannt, außer man begegnet ihm gerade im Lehrstoff oder auf der Bühne („Bruderzwist im Hause Habsburg"). Aber immerhin gilt er als Gründer und Namensgeber des Schlosses Schönbrunn, eines ehemaligen kleinen Jagdschlösschens, das Gatterburg (oder Katterburg) genannt wurde. Der Name Schönbrunn soll auf einen Ausruf des jagenden Kaisers zurückgehen, der dort einmal einen Brunnen (beziehungsweise eine Quelle) entdeckte und sodann rief: „Ei, welch' schöner Brunn'!" Die Ortsbezeichnung ist jedenfalls seit 1642 belegt.

Neben Schönbrunn begründete Matthias auch die Kapuzinergruft. Genauer gesagt geht der Plan auf seine Gemahlin Kaiserin Anna zurück, die das Kloster stiftete. Beide starben allerdings noch vor Baubeginn. Ihre Särge wurden erst 1633 dorthin überführt. Seitdem ruhen sie in der sogenannten „Gründergruft".

Der letzte Ritter
MAXIMILIAN I., KAISER (*22. MÄRZ 1459, † 12. JANUAR 1519)

Der Sohn von AEIOU-Copyright-Inhaber Friedrich III. (☞) war auch römischer Kaiser mit allem Drum und Dran. Also, er festigte das österreichische Imperium, „eroberte" per Heiratspolitik Burgund, Ungarn, Böhmen und Spanien – und begründete damit die spanische Linie der Habsburger etc. pipapo. In Erinnerung ist er aber am ehesten durch seine Selbststilisierung als „der letzte Ritter" geblieben. So nannte er sich nämlich und gestaltete auch sein Leben in diesem Sinne – in einer Art 24/7-Reality-Show. Dazu ließ er Legenden und Mythen rund um seine Person und seine Taten erfinden und verfasste außerdem sicherheitshalber drei, natürlich autobiografische, Ritterromane. Diese („Freydal", „Theuerdank" und „Weißkunig") schrieb er in Deutsch, zum einen aus Gründen der Volksnähe, und zum anderen weil sein Latein miserabel war. Zur ständigen auch optischen Präsenz in seinem Reich benutzte er die „Cutting edge"-Technologie seiner Zeit: Buchdruck und Flugblatt.

Zu den sich um ihn rankenden Legenden zählen unter anderem folgende: Er ist bereits als Neugeborener in seinem ersten Bad aufrecht gestanden; später entdeckte er (von einem Engel geleitet) den Mantel Christi – inklusive jenen Würfeln, mit denen die römischen Soldaten um dieses Kleidungsstück gespielt haben; außerdem hat er in München einer Löwin mit Gewalt das Maul geöffnet und die Zunge herausgezogen, eine Bärin mit seiner Faust erwürgt und in Münster auf den Zinnen der Stadtmauer getanzt.

Insbesondere verstand er sich als des „Heiligen Römischen Reiches oberster Erzjägermeister" und sagte einmal über sich und Papst Julius II.: „Gott hat das weltliche und das geistige Regiment gut bestellt, jenes mit einem Gemsenjäger, dieses mit einem trunkenen Pfaffen." Tatsächlich schoss er Gamsen am liebsten in der Martinswand, die man bequem von den Fenstern des nahen Schlosses Martinsbühel einsehen konnte. Dort konnte er, wie er notierte, „den Gembs vor so vielen schönen Frauen fällen ohne allen Grauen". Um das Bergdrama noch zu steigern, ob inszeniert oder nicht ist nicht ganz sicher, verstieg er sich dort einmal, wurde dann – je nach Legende – aber a) von dem Jäger Oskar Zyps, b) von einem Zirler Bauernbub oder c) von einem

Engel Gottes gerettet. Entgegen des obigen Zitats hatte er aber auch kirchliche Ambitionen: Er wollte selbst Papst werden und darüber hinaus auch einen Kreuzzug organisieren. Vielleicht auch um diese Pläne (oder auch nur den politischen Herrschaftsanspruch seines Geschlechts) zu festigen, ließ er einen Stammbaum der Habsburger herstellen, der das Geschlecht unter anderem auf Julius Cäsar, König Artus, Karl den Großen sowie Priamos von Troja (und somit auf Zeus selbst, da dieser dessen Sohn war) zurückführte. Außerdem auf diverse Heilige.

Zu dieser Selbstverherrlichung wurden natürlich auch zahlreiche Kunstwerke eingesetzt oder zumindest geplant. Unter den realisierten heroischen Darstellungen durch angemietete Künstler war naturgemäß viel Kitsch, aber immerhin auch einiges von Wert, da viele Entwürfe von Albrecht Dürer stammen. Die meisten der Pläne für Reiterstandbilder, Klöster oder Geschichtswerke blieben aber aus Geldmangel nur Entwürfe. Er war so notorisch pleite, dass ihm und seinem Tross zuletzt sogar die Unterkunft in Innsbruck verweigert wurde, weil die offenen Rechnungen schon zu zahlreich waren. Dennoch wurden gerade in Innsbruck zwei seiner Visionen umgesetzt: das „Goldene Dachl" und ein gigantisches Grabmal, das – wenn auch in weit bescheidenerer Ausführung als geplant – bis heute zu bewundern ist. Allerdings liegt Maximilian nicht darin. Auch in seinem Tod war er exzessiv: Er verbot nicht nur die Einbalsamierung seines Leichnams, ganz im Gegenteil, er verfügte, dass sein Körper nach seinem Tod zu demütigen sei. Ihm sollten die Haare abgeschnitten, die Zähne ausgebrochen und sein Körper gegeißelt werden. (Etwas heroischer wäre es gewesen, dies alles noch vor dem Tod zu erdulden, aber bitte.) Jedenfalls wurde sein geschundener Körper anschließend zwei Tage lang öffentlich aufgebahrt.

Nie mehr „La Paloma"

MAXIMILIAN I., ERZHERZOG UND KAISER VON MEXIKO
(* 6. JULI 1832, † 19. JUNI 1867)

Als jüngerer Bruder von Kaiser Franz Joseph (☞) hätte es Erzherzog Ferdinand Maximilian Joseph Maria von Österreich in Europa recht gemütlich haben können. Aber der Ruhm rief, und so wurde er Kaiser in Amerika (Mexiko). Dafür aber nicht lang. Dass er übrigens nicht schlicht zum König vom Mexiko ausgerufen wurde, liegt vermutlich an der grassierenden Kaiser-Inflation seines Jahrhunderts (☞ **Franz II./I.**). Das Verschicken von Monarchen zu nach gekrönten Häuptern gierenden Bevölkerungen ohne eigenen Hochadel war damals gang und gäbe, weshalb etwa auch zahlreiche Mittelmeerländer zu verschiedenen Zeiten von österreichischen und deutschen Aristokraten übernommen wurden. Auch das englische Königshaus ist ja tatsächlich deutschstämmig.

In diesem Fall wurde Maximilian von Napoleon III. eingesetzt, der ihn dann aber am ausgestreckten Arm militärisch verhungern ließ, weshalb Maximilian nach Marie Antoinette der Zweite aus der Familie Habsburg war, der in Ausübung seiner Tätigkeit vom Volk hingerichtet wurde.

Wie auch immer. Seine Geschichte wurde 1995 in einem humoristischen, aber respektvoll-authentischen Biografie-Comic mit dem Titel „Maximiliano y Carlota – Un emperador, el Cerro de las Campanas y ¡adiós mamá Carlota!" („Maximilian und Charlotte – ein Kaiser, der Glockenhügel und adieu Mama Charlotte!") aufgearbeitet. Der Untertitel des Bandes bezieht sich auf die Hinrichtungsstätte des Kaisers und auf teilweise bis heute erhaltene Gedichte und Spottlieder über die Abreise der Kaiserin, die meist mit „Adios mamá Carlota" beginnen. Bleibendes Denkmal Maximilians bleibt sein kleines, aber wunderschönes Lustschloss Miramare am Rande von Triest. So weit, so gut. Es gibt aber seit 2001 noch eine weitere Version seiner Lebensgeschichte, die ziemlich gut recherchiert behauptet (wenn nicht sogar belegt), dass Maximilian unter dem Namen Justo Armas bis 1936 in El Salvador gelebt haben soll. Wo er – 104-jährig – verstarb. Wer sich dafür näher interessiert, sollte sich den Arbeiten des Autors Rolando Deneke zuwenden. Dort kann man auch erfahren, weshalb Justo (oder Maximilian) zeit seines langen Lebens stets barfuß ging.

Maximilian hatte vor seiner Kaiserwürde auch hohe Ämter in der k.u.k. Flotte inne, was indirekt dazu führt, dass österreichische Segler bis heute das Lied „La Paloma" nicht an Bord singen (dürfen). Und zwar, weil dies angeblich das Lieblingslied des Kaisers war, es bei der Ausschiffung seines Sarges bei Schloss Miramare gespielt wurde und die anwesenden Marineoffiziere daraufhin beschlossen, dieses Lied nie wieder auf einem Boot der österreichischen Marine erklingen zu lassen. Woran sich traditionsbewusste Zivil-Segler halten, da dieser Brauch angeblich auch heute noch in Kursen zur Erlangung des Segelscheins vermittelt wird.

Der kleine Adler

NAPOLEON FRANZ BONAPARTE, HERZOG VON REICHSTADT
(* 20. MÄRZ 1811, † 22. JULI 1832)

Menschen ohne besonderes historisches Detailwissen ist oft nicht bekannt, dass Napoleon, selbstgekrönter Kaiser der Franzosen, einen Sohn hatte. Mit seiner Frau, einer österreichischen Erzherzogin. Damit hatten die Franzosen nur wenige Jahre nach einer österreichischen Königin (Marie Antoinette) eine österreichische Kaiserin.

Marie Louise von Österreich brachte ihren Sohn nach dem Sturz Napoleons nach Wien, wo dieser als österreichischer Adeliger aufwuchs. Und mit knapp 21 Jahren starb. Seine relative Unbekanntheit verdankt er vermutlich der Tatsache, dass er (welt-) historisch wenig Bedeutung hatte. Im Gegensatz zum Rahmen dieses Buches. Denn was auch die historisch Interessierten vielleicht zum Teil nicht wissen … Sein voller Name lautete Napoleon Franz Joseph Karl Bonaparte (beziehungsweise auf Französisch Napoléon-François-Joseph-Charles Bonaparte). Er erhielt bereits als Neugeborener den Titel „König von Rom". Obwohl er schon mit drei Jahren von seiner Mutter nach Wien gebracht worden war und Frankreich nie wieder sehen sollte, wurde er von Bonapartisten dreimal als Kaiser Napoleon II. ausgerufen. Was auch erklärt, wieso Napoleons Neffe, der später tatsächlich über Frankreich herrschte, den Titel Napoleon III. trug. Napoleon Franz seinerseits erhielt vom Wiener Kongress die Erlaubnis, den von seiner Mutter abgeleiteten Titel Prinz von Parma zu führen. Später schenkte ihm sein Opa (☞ **Kaiser Franz II./I.**) das böhmische

Reichstadt (Zákupy) und erhob dieses extra zum Herzogtum, um dem jungen Franz den Titel „Herzog von Reichstadt" verleihen zu können. Unter diesem Namen ist er bis heute (wenn überhaupt) bekannt, obwohl er sein Herzogtum nie besucht hat. Das alles war sicher nicht im Sinne seines Vaters, der einmal notierte: „Ich wollte lieber, dass man meinen Sohn erwürgte, als ihn jemals in Wien als österreichischen Prinzen zu sehen." Napoleon Franz litt, seit er 15 war, an Tuberkulose. Da er Wien und das Reich aus politischen Gründen nicht verlassen durfte, wurde er nicht wie damals üblich durch Auslandsaufenthalte am Meer behandelt. So starb er mit 21. Immerhin galt er als Liebling der Frauen und dürfte das auch reichlich genossen haben, denn zur Zeit seiner

Bestattung war sein Kopf fast kahl – so viele Locken wurden ihm abgeschnitten, um als Erinnerung ausgeteilt zu werden.

Außerdem gibt es Gerüchte, dass er seine Gene auch in die habsburgische Thronfolge einbrachte. Er war oft der offizielle Begleiter von Erzherzogin Sophie (Gemahlin des Kaiser-Bruders Franz Karl und spätere „böse" Schwiegermutter von ⇥ Kaiserin Elisabeth), mit der er offiziell Bälle und Konzerte besuchte.

Sophie hatte sechs Jahre ihrer Ehe kinderlos verbracht, bis sie Bad Ischl und seine angeblich empfängnisfördernden Quellen zu Kurzwecken besuchte. Und plötzlich kam ein Erzherzog (sowie eine Erzherzogin) nach dem anderen auf die Welt: Franz Joseph 1830, Ferdinand Maximilian 1832, Karl Ludwig 1833, Maria Anna 1835 und Ludwig Viktor 1842. Aufgrund der wundersamen Segnungen Ischls geboren, nannte man ihre Söhne auch „Salzprinzen".

Zumindest die beiden älteren könnten aber auch, nun, französischer Wunderkraft entsprungen sein. Was Franz Joseph zu Napoleons Enkel machen würde. Aber das ist wirklich nur Spekulation.

Die Geschichte des Herzogs von Reichstadt endet aber nicht mit seinem Tod. Denn nach dem „Anschluss" Österreichs ließ Adolf Hitler als noble Geste gegenüber der faschistischen Regierung Frankreichs den Sarkophag aus der Kapuzinergruft holen und nach Paris überstellen. Wo er, hundert Jahre nachdem Napoleons Leiche von St. Helena in den Invalidendom überführt worden war, neben seinem Vater landete. Allerdings wurde er später in die Unterkirche verlegt. Das Herz von Napoleon Franz hatten die eifrigen Nazis allerdings vergessen. Und so ruht es noch heute in der Augustinerkirche in Wien.

Affenmäßige Karriere
NONJA (* 21. APRIL 1976)

Wer einen eigenen Wikipedia-Eintrag hat und als erster Affe der Welt ein eigenes Facebook-Benutzerkonto hatte, kann auch als Orang-Utan getrost in einer sonst Homo-sapiens-dominierten Liste aufscheinen. Außerdem ist Nonja eine bekannte Künstlerin, deren Gemälde (etwa 250 Stück) zu teilweise über 2000 Euro gehandelt werden. Später hat sich Nonja auch der Fotografie mit Digitalkamera zugewandt, die sie allerdings gelegentlich auch als Spielzeug verwendet oder durch die Gegend schleudert, weshalb sie von einer speziellen und sehr dicken Schutzhülle umgeben ist. Ihre malerische Karriere hat Nonja allerdings bereits 1998 an den Nagel gehängt – wegen eines Mannes: Vladimir, ihr in Russland geborener Gefährte.

0

Hans im Glück

ORSOLICS, HANS (* 14. MAI 1947)

Das Leben von Hans (eigentlich Johann) Orsolics bietet genug Stoff für ein großes Drama, das auch bereits geschrieben wurde. Aus einfachen Verhältnissen stammend, brachte es Hansi – auch Hanse, Hansee oder Johannes genannt – zu einer Karriere als einer der erfolgreichsten Profi-Boxer Österreichs. Unter anderem war er zu seiner Zeit der jüngste Europameister und holte sich den EM-Titel zweimal. Doch bereits mit 28 begann sein sozialer Abstieg inklusive Gefängnisaufenthalte. Erst 1980 wendete sich das Blatt wieder, als Sigi Bergmann mit einer ORF-Dokumentation die Öffentlichkeit auf Orsolics' Misere aufmerksam machte. Unter anderem verschaffte Bergmann ihm einen Job als Lagerarbeiter beim ORF.

1986 besang Orsolics in einem, ihm vom Wiener Liedermacher Charly Kriechbaum auf den Leib geschriebenen, Lied sein „potschertes Leben" und erreichte damit sogar Platz 1 der Verkaufscharts sowie der Ö3-Hitparade, den er drei Wochen lang innehatte. Damit war er 1986 einer der drei österreichischen Hansis, die sich auf den vorderen Rängen der Charts die Klinke in die Hand gaben, zwei davon Sportler: Hans Orsolics löste mit „Mei potschertes Leben" Falcos „Jeanny" ab, während Hans „Johann K." Krankl zur gleichen Zeit mit „Lonely Boy" wochenlang Platz 2 belegte – das „potscherte" Lied war übrigens nur eines von zehn Liedern auf einer LP. Dieser Erfolg half Orsolics nachhaltig auf die Beine, es folgten sogar einige Auftritte als Schauspieler in Fernsehserien.

Die Saga seines Lebens verarbeitete der Schriftsteller Franzo-
bel 2011 in dem Theaterstück „Der Boxer oder Die zweite Luft des
Hans Orsolics". Von „Mei potschertes Leben" existiert übrigens
auch eine Coverversion der Wiener Punk-Band „The Dead Nit-
tels".

Syphilis und Gonorrhoe
OTTO, ERZHERZOG (* 21. APRIL 1865 IN GRAZ,
† 1. NOVEMBER 1906 IN WIEN)

Geschichtlich gesehen war Erzherzog Otto Franz Josef Karl Ludwig Maria von Österreich, genannt „der schöne Erzherzog" oder
„der schöne Otto", hauptsächlich von dynastischer Bedeutung.
Er war der jüngere Bruder des österreichischen Thronfolgers
Franz Ferdinand (☞), dessen Kinder aufgrund seiner morgana-
tischen Ehe nicht thronberechtigt waren. So wurde Ottos Sohn
als Karl I. der letzte Kaiser von Österreich.

In Erinnerung blieb er aber vor allem wegen seines exzessi-
ven Lebenswandels. (Anmerkung des Autors: Der Beiname „der
Schöne" verweist fast immer auf derartige Betätigungen.) So erkrankte er, wie auch Kronprinz Rudolf (☞), an Geschlechtskrank-
heiten. Bei Rudolf war es vermutlich Gonorrhoe. Bei Otto Syphi-
lis. Diese führte unter anderem dazu, dass er gegen Ende seines
Lebens eine lederne Nase tragen musste und mit 41 qualvoll an
der Krankheit starb. Auch bis zu seinem Tod hatte er noch eine
Geliebte, nämlich die junge Operettensängerin Luise Robinson,
die ihn auch pflegte – um den Rest von Schein zu wahren, unter
dem Pseudonym „Schwester Martha".

Einer der bekanntesten Skandale Ottos spielte sich im Hotel
Sacher ab. Hier wurde der Erzherzog vom Ehemann seiner Ge-

liebten in flagranti ertappt und musste nackt auf die Straße flie-
hen. Nur mit seinem Säbel und dem Orden vom Goldenen Vlies
bekleidet.

P

Gasthaus „Zum Nordpol"
**PAYER, JULIUS RITTER VON (* 2. SEPTEMBER 1842, † 30. AUGUST 1915)
UND WEYPRECHT, CARL (* 8. SEPTEMBER 1838, † 29. MÄRZ 1881)**

In den Jahren 1872 bis 1874 unternahmen die Forscher Payer und
Weyprecht eine große Reise ins nördliche Polarmeer. Die sogenannte „Österreichisch-Ungarische Nordpolarexpedition" sollte
die nördlichen Meere erforschen und stieß dort völlig unerwar-
tet – auf Land. Und zwar auf eine fast zweihundert Inseln umfas-
sende Inselgruppe, die heute zu Russland gehört und damals folgerichtig als „Kaiser-Franz-Josef-Land" von Österreich in Besitz
genommen wurde. Eine der wenigen Kolonien des Habsburgerreichs, wenn auch ohne Bodenschätze und auszubeutender
Bevölkerung. Mit 900 Kilometer südlich des Nordpols ist eine
der Inseln der nördlichste Landpunkt Europas. Die Entdeckung
löste damals eine Art Nordpol-Hype aus und führte zu zahlreichen Benennungen von Lokalen, Geschäften und Verkehrsflächen nicht nur, aber besonders in Wien, die zum Teil bis heute
bestehen. Und so gab es in Wien plötzlich Gasthäuser namens
„Zum Nordpol" oder „Zum Nordlicht". Die Inseln und Kaps
wurden nach Adeligen, berühmten Österreichern und Orten im
Habsburgerreich benannt. Diese Bezeichnungen wurden später
auch von den Russen übernommen und lauten im „Zemlya

Frantsa-Iosifa" heute noch etwa Ostrow Rudolfa (Rudolf-Insel), Mys Tegetchof (Kap Tegetthoff), Ostrow Winer Neischtadt (Wiener-Neustadt-Insel), Ostrow Gogenloe (Hohenlohe-Insel), Ostrow Klagenfurt (Klagenfurt-Insel) sowie Zemlya Wiltscheka (Wilczek-Land), nach dem Sponsor der Expedition, Johann Nepomuk Graf Wilczek (1837–1922). Wilczek war ein Förderer wissenschaftlicher, sozialer (er war Mitbegründer der Wiener Rettung) und künstlerischer Bestrebungen. Um ein Museum für seine große Kunstsammlung anzulegen, ließ er zwischen 1874 und 1906 eine veritable Ritterburg in der Nähe von Korneuburg erbauen. Die heute zahllosen Wiener und niederösterreichischen Schulkindern als Ausflugsziel zu einer „echten" Ritterfestung dient: Burg Kreuzenstein.

Angst vorm Scheintod
PETER, JOHANN NEPOMUK (*18. JAHRHUNDERT,
† 19. JAHRHUNDERT)

Da im 19. Jahrhundert eine Zeitlang die Angst grassierte, lebendig begraben zu werden, ersann und konstruierte 1828 der „k.k. N.0. Provinzial Strafhaus-Verwalter" Johann Nepomuk Peter einen sogenannten „Rettungswecker für Scheintote" und stiftete diesen dem „Leichenhof des Ortes Währing". Ein originalgetreuer Nachbau von 1976 (29 x 19 x 13 Zentimeter, Holzgehäuse mit Läutwerk aus Metall), der sich einst im Totengräberhaus am Währinger Ortsfriedhof (heute Schubertpark) befand, ist im Wiener Bestattungsmuseum zu besichtigen. Die Idee: Am Handgelenk der Aufgebahrten wird eine Zugschnur befestigt, die zur Unterkunft des Totengräbers führt. Sollte jemand aufwachen und sich bewegen, läutet der Wecker.

Übrigens, die Angst vor dem Lebendig-begraben-Werden war sowohl real als auch in der Literatur des 19. Jahrhunderts weit verbreitet. Man muss nicht Freud sein, um diese Angst mit dem strengen Reglement der damaligen Gesellschaft, die das Individuum „lebendig begrub", in Zusammenhang zu bringen.

Existenz nicht gesichert
PEICHL, OBERST

Zwei Dinge machen den k.k. Oberst Peichl für dieses Buch bedeutsam. Zum einen gilt er als Urheber der ersten Karte des Verlaufs der niederösterreichischen Thermenlinie sowie deren Schwefel- und Thermalquellen, die er nur mit der Wünschelrute erstellt haben soll. Seine Fähigkeiten auf diesem Gebiet sollen so groß gewesen sein, dass er dafür mehrere Ehrungen und auch ein Abzeichen in Form einer vergoldeten Wünschelrute an seinem Uniformkragen erhielt. Auch die Quelle in Oberlaa, mittlerweile Kurzentrum und Wiens größtes Thermalbad auf eigenem Grund, wurde angeblich von ihm entdeckt. Verweise darauf finden sich in zahlreichen Publikationen (ich gestehe, auch in meinen) und quer durchs Internet. Das Problem ist nur – und das ist die zweite Bedeutsamkeit des Obersts in diesem Zusammenhang –, dass sich nirgends sein Vorname oder seine Geburtsdaten finden. Ja, nicht einmal der Nachweis seiner Existenz ist mir bis dato gelungen. Aber ich bleib dran, versprochen.

Das Mützenband im Nachtkastl
PETZNEK, ELISABETH (ODER ERZHERZOGIN ELISABETH)
(* 2. SEPTEMBER 1883, † 16. MÄRZ 1963)

Elisabeth Petznek, geboren als Erzherzogin Elisabeth Marie Henriette Stephanie Gisela von Österreich, war die einzige Tochter von Kronprinz Rudolf (☛). Wie auch ihre Oma Sisi (☛ Elisabeth) und ihr Vater hatte die „Erzsi" genannte Habsburgerprinzessin und Lieblingsenkelin Franz Josephs (☛) offenbar ein rebellisches Gen. Obwohl als Frau (und weil ihre Mutter in zweiter Ehe einen ungarischen Grafen geheiratet hatte) von der Thronfolge sowieso ausgeschlossen, war bereits ihre nicht standesgemäße Heirat mit Otto Fürst Windisch-Graetz 1902 ungewöhnlich. „Vorgesehen" war sie nämlich für den deutschen Kronprinzen Wilhelm. Noch ungewöhnlicher war, dass sie sich später von ihm trennte (1919 oder 1924) und noch später, 1948, von ihm scheiden ließ. Damit nicht genug, schloss sie sich bereits kurz nach Ende der Monarchie 1925 den Sozialdemokraten an, nahm an den Maiaufmärschen der Ersten Republik teil und engagierte sich bei den Kinderfreunden und den Roten Falken, was ihr schon damals den Spitznamen „Rote Erzherzogin" einbrachte. Zu dieser Zeit wurde sie auch die Lebensgefährtin des sozialdemokratischen Politikers Leopold Petznek, den sie unmittelbar nach ihrer Scheidung 1948 heiratete. Bundeskanzler Kreisky sprach von ihr immer in den höchsten Tönen und redete sie bei privaten Anlässen sogar mit Hoheit an. Ebenfalls – für ehemalige Adelige – ungewöhnlich, vererbte sie ihr Vermögen der Republik Österreich. Ihr zu Ehren wurde 1998 die „Elisabeth-Petznek-Gasse" im 14. Wiener Gemeindebezirk benannt, etwa 500 Meter von der von ihr bewohnten Villa entfernt. Kaum jemand, der das Straßenschild liest, wird hier aber den Bezug zu Sisi und Rudolf ahnen. Eine weitere recht ungewöhnliche und pikante Geschichte aus ihrem Leben ist ebenfalls überliefert: Noch vor Leopold Petznek unterhielt Elisabeth eine innige Liebesbeziehung zu dem Kommandanten des k.u.k. U-Bootes Nr. XII, dem Linienschiffsleutnant Egon Lerch. Die Affäre währte allerdings nur kurz, da das U-Boot am 12. August 1915 in der Adria versenkt wurde. Auch Lerch kam dabei ums Leben. Offensichtlich war die Beziehung bekannt, denn der Erzherzogin wurde zum Gedenken ein Mützenband aus schwarzem Seidenrips mit den goldgewebten Buchstaben „S. M. Unterseeboot XII" überbracht. Elisabeth soll dieses angeblich bis zu ihrem Tod in ihrem Nachtkästchen aufbewahrt haben. Das Band wurde 2005 im Dorotheum im Rahmen der sogenannten „Kaiserhaus"-Ausstellung versteigert und erzielte bei einem Schätzpreis von 400 bis 700 Euro ein Ergebnis von 2200 Euro.

Masochistischer Pastoralassistent
PHETTBERG, HERMES (* 5. OKTOBER 1952)

Man kann kein Buch über kuriose Österreicher schreiben, ohne den als Josef Fenz geborenen Hermes Phettberg zu erwähnen. Tatsächlich fällt es im Fall des Schriftstellers und Schauspielers sowie offen Homosexuellen und Masochisten schwer, aus der Fülle seiner Seltsamkeiten zu wählen. So war Phettberg vor seinem öffentlichen Schaffen als Weinbauer, Bankangestellter und Pastoralassistent (der Erzdiözese Wien) sowie Kanzlist der niederösterreichischen Landesregierung tätig. Bekanntheit erlangte er zuerst durch sadomasochistische Kunstaktionen und seine Kolumne „Phettbergs Predigtdienst", die seit 1992 in der Wiener Stadtzeitung „Falter" erscheint. Er hält jährlich eine Nikolaus-Lesung ab und lässt sich während der Regenbogenparade in einer Kutsche über die Ringstraße fahren. Seine größte – über Österreich hinausreichende – Popularität erlangte er ab 1994 durch seine von dem (nicht minder kuriosen) Regisseur Kurt Palm kreierte TV-Talkshow mit dem Titel „Nette Leit Show". Eine Umkehrung des Namens „Late Night Show" ähnlicher Formate im US-TV. Aufgezeichnet wurde die Sendung in einem nach der bedeutenden Architektin und Erfinderin der „Frankfurter Küche" Margarete Schütte-Lihotzky benannten Saal.

Die Show war gespickt von Ritualen, wie dem Kredenzen von „Frucade oder Eierlikör" als Getränke für die Gäste durch den stets knackig gekleideten Assistenten „Robin", einem Abschlussfoto mit dem Gastgeber sowie dem traditionellen Dosenwerfen am Ende des Auftritts. Die Bestenliste aller Gäste wurde auf einer Tafel mit Kreide festgehalten und ergänzt. Da die Show auch auf 3sat ausgestrahlt wurde, erreichte Phettberg in Deutschland und der Schweiz ebenfalls einen gewissen Kultstatus. In den Talks machte Phettberg auch stets schonungslos seine eigenen Lüste, sexuellen Phantasien und Pathologien zum Thema, was ebenfalls zum nachhaltigen Erfolg der Sendung beitrug. Obwohl es nur 24 Folgen davon gibt. Zur Sendung existieren eine DVD-Box, ein Buch und eine Diplomarbeit. In der langen Gästeliste findet sich ein Who is Who der damals prominenten Österreicher – von denen nicht wenige auch in diesem Buch vertreten sind.

El Hermoso
PHILIPP I., DER SCHÖNE (* 22. JULI 1478, † 25. SEPTEMBER 1506)

Philipp I. von Habsburg (Felipe I de Austria), auch genannt „der Schöne" (el Hermoso), war zwar zeitlebens nicht oder kaum in Österreich, gilt aber im Sinne des Habsburgerreichs und als Sohn von Kaiser Maximilian als ausreichend legitimiert für dieses Buch. Außerdem sind viele Aspekte seiner Vita einfach zu skurril, um sie hier auszulassen.

Philipp I. von Kastilien, zuvor Herzog von Burgund, lebte in den „Burgundischen Niederlanden", wo er unter anderem Auftraggeber von Hieronymus Bosch war. Der euphemistische Beiname „der Schöne" verweist darauf, dass er angeblich jede Nacht

„bei einem anderen Weib" lag. Auch nach seiner Hochzeit. Was zu einigen überlieferten Eifersuchtsanfällen seiner Gattin Johanna führte. 1506 brach er nach diversen Thronstreitigkeiten in Spanien ebendort hin auf, um allda als König zu herrschen. Die Überfahrt auf dem Meer war so stürmisch, dass sich Philipp sicherheitshalber in einen Ledersack einnähen ließ, der zu einer Kugel aufgeblasen und außen mit seinem Namen und  seinen Titeln beschriftet wurde. Quasi ein früher Airbag gekreuzt mit einer Rettungskapsel. Und eine fünfhundertjährige Vorwegname des heutigen „Zorbing" (bitte googeln Sie selbst). Den Sturm überstand er zwar und ging an Land, Johanna blieb jedoch gerade noch genug Zeit, die nach Galizien mitgeschmuggelten „Sängerinnen" nach Haus zurückzuschicken, bevor Philipp schon kurz darauf unter nicht ganz geklärten Umständen starb. Und in Burgos begraben wurde. Womit seine Reise jedoch noch beileibe nicht zu Ende war. Denn seine Gattin ließ ihn exhumieren und wollte ihn ehrenvoll durch das Land nach Granada bringen, wo er – nach seinem eigenen Willen – als König ruhen sollte. In Tordesillas wurde Johanna aber aus politischen Gründen festgesetzt und gefangen gehalten. Philipp wurde dort erneut beigesetzt. Außerdem wurden Gerüchte über Johanna verbreitet, die ihr bis heute den Beinamen „die Wahnsinnige" einbrachten. Als sie schließlich 75-jährig starb – sie überlebte ihren Gatten um fast 50 Jahre –, wurde sie endlich nach Granada überführt und neben Philipp beigesetzt, den man – ohne ihr Wissen – noch zu ihren Lebzeiten aus Tordesillas dorthin geschafft hatte.

Engagierte Postmeisterstochter

PLOCHL, ANNA (* 6. JÄNNER 1804, † 4. AUGUST 1885)

Anna Plochl, Postmeisterstochter, verdankt ihren Eintrag im Wesentlichen der Tatsache, dass sie 1829, nach langem Kampf um die kaiserliche Genehmigung, Erzherzog Johann (☞) heiratete. 1834 wurde sie im Zuge der Eheschließung zur Freifrau von Brandhofen ernannt. Nachdem ihr gemeinsamer Sohn 1844 den Titel Graf von Meran erhielt, wurde sie 1850 ebenfalls zur Gräfin von Meran befördert. Ein steile und ausgesprochen seltene Karriere für eine Bürgerliche, im Zuge derer sie auch zur Stammmutter des Adelsgeschlechts der Grafen von Meran wurde. Berühmt war Anna Plochl weiters für ihre Begabung als Köchin, auf deren

Rezepte einige steirische Spezialitäten noch heute zurückgehen. Abgesehen davon war sie wie ihr Mann vielseitig sozial engagiert und führte viele seiner Einrichtungen nach dessen Tod weiter. Unter anderem ist auch das Anna-Kinderspital in Graz nach ihr benannt.

Bäckerei Poier

POIER, ALF (* 22. FEBRUAR 1967)

Anarcho-Kabarettist, Musiker, letzter erfolgreicher Song-Contest-Teilnehmer Österreichs (☞ Kapitel „Merci, Jury"), Kritzelkünstler, Ex-Profilaufsportler und Volksmusik-Texter. Fuhr früher einen Lieferwagen mit der Aufschrift „Bäckerei Poier", um ungestört in zweiter Spur parken zu können. In diesem Auto schlief er bei Bedarf auch, bewahrte aber vor allem sein Schlagzeug darin auf. Wenn er proben oder sich einfach abreagieren wollte, fuhr er mit dem Auto in den Wald und legte los. Weiters ist er Gründer der „Botschaft für Bewusstsein, Scheißdreck und Kunst".

Q

Haaß is'

QUALTINGER, HELMUT (* 8. OKTOBER 1928, † 29. SEPTEMBER 1986)

Helmut Qualtinger war nicht nur neben seinen zeitgenössischen Kabarettkollegen wie Gerhard Bronner – dessen Lieder er genial interpretierte – Louise Martini, Karl Farkas, Hugo Wiener, Cissy Kraner, Ernst Waldbrunn, und vielen anderen (die wir hier aussparen, weil Kuriossein Teil ihres Berufsprofils ist) ein bedeutender Kleinkünstler, sondern noch auf einigen weiteren Gebieten bedeutsam. Und eine unberechenbare Persönlichkeit. Bedeutende Leistungen von Qualtinger umfassen die Prägung des Prototyps eines österreichischen Mitläufers in Gestalt des Herrn Karl, die Teil-Entzauberung des Mythos Adolf Hitler durch öffentliche

Lesungen aus dessen Buch „Mein Kampf" und zahlreiche film-schauspielerische Leistungen von Krimi („Mann im Schatten") über Literatur („Geschichten aus dem Wienerwald") bis hin zu internationalen Produktionen („Der Name der Rose"). Außerdem war niemand vor seinen „practical jokes" gefeit. Nicht einmal die heimischen Medien, die er einmal sensationell auflaufen ließ. 1951 schickte er auf offiziellem Briefpapier des PEN-Clubs eine Presseaussendung an die Presse aus (wenn schon Wortwiederholung, dann gleich paarweise), in der er die Ankunft „des berühmten Grönländer Eskimo-Dichters Kobuk" am Wiener Westbahnhof ankündigte. Garniert war die Meldung mit der fingierten Bibliografie des Inuit-Poeten (wie „Das brennende Iglu") und sogar einer „übersetzten" Probe seines Könnens. Die Presse berichtete und versammelte sich am Bahnhof. Qualtinger stieg eine Station vorher dick in Pelze gehüllt in den Zug, verließ diesen am Westbahnhof und ließ sich eine Weile von der Presse fotografieren. Auf die Frage, wie ihm Wien bisher gefalle, legte er mit den Worten „Haaß is'" Pelz und Inkognito ab. In Gedenken dieser Aktion nennt sich eine (unverzichtbare) Website, die Falschmeldungen und schlichte Lügen der österreichischen Medien aufdeckt und online publiziert, ehrfurchtsvoll www.kobuk.at. Der Dichter Kobuk selbst hat übrigens sogar einen eigenen Wikipedia-Eintrag zu seiner Person.

Jodl-Orgie
RATTSCHÜLLER, MATTHIAS (* 1797, † 1869)

Matthias Rattschüller, Gewerbeoberlehrer in Judenburg und Vater von 23 Kindern aus zwei Ehen, war ein begabter Musiker. Er war Schüler des Bruckner-Lehrers Simon Sechter und komponierte neben Klavierstücken und einem Streichquartett auch … Jodler. Sein berühmtestes Werk ist der Erzherzog-Johann-Jodler, bis heute die heimliche Hymne der Steiermark. Allerdings wurde Rattschüllers Urheberschaft immer wieder ignoriert, anderen Komponisten zugeschrieben oder die Melodie gar als Volksweise bezeichnet, wogegen Rattschüller mit vielen Protestschreiben – letztlich aber vergebens – ankämpfte. Daran konnte auch eine ganze Batterie weiterer fürstlicher Jodler aus seiner Feder nichts ändern. So komponierte er noch den Erzherzog-Franz-Joseph-Jodler, den Erzherzog-Karl-Ludwig-Jodler, den Erzherzog-Ludwig-Viktor-Jodler, den Erzherzogin-Maria-gebürtige-Prinzessin-beider-Sizilien-Jodler, den Erzherzog-Karl-Salvator-Jodler und den In-Memoriam-Erzherzog-Karl-Ambrosius-von-Österreich-Este-Jodler, Erzbischof-von-Gran- und Primus-von-Ungarn-Trauer-Jodler. Auch heute noch wird sein einziger internationaler Hit oft als überlieferte Volksmusik angesehen (in Konzertlisten steht zumeist „Traditional") oder einfach einem anderen Komponisten zugeschrie-

ben, wie etwa dem Losensteiner Mundartdichter Anton Schosser (1801–1849). Von Letzterem stammt der Text des Liedes, ursprünglich als Gedicht unter dem Titel „'s Hoamweh" veröffentlicht. Angeblich starb Matthias Rattschüller sogar an seinem Werk, nämlich während eines Wutausbruchs, den er hatte, als er in der Zeitschrift „Signale für die musikalische Welt" lesen musste, dass sein Erzherzog-Johann-Jodler angeblich von Johannes Brahms komponiert wurde.

Pirat in the Lugner City
RIEGER, GOTTHARD (* 15. JÄNNER 1947)

Gotthard Rieger war ein bekannter Radiomoderator, der unter anderem die 1970er- und 1980er-Jahre des Senders Ö3 mitprägte und unter dem Kürzel „GR" zur Marke wurde (siehe seine 1987–1989 ausgestrahlte TV-Sendung „GRs Rockshow"). Aber es gibt auch eine „dunkle" Seite. Ab 1990 war Rieger nämlich Österreichs prominentester Pirat. Und das kam so: Heute fast unvorstellbar, gab es in Österreich noch bis 1998 ein tatsächliches und auch kaum durchbrochenes Radio- (und TV-)Monopol des ORF. Zwar sendeten schon gelegentlich kleine regionale „Piratensender", aber echtes, kommerzielles Privatradio war verboten. Auch Antenne Austria (in den Geschmacks- bzw. Senderichtungen „Ost", „Süd" und „West") erreichte noch kein gigantisches Publikum. Bis 1990 „Radio CD (International)" on air ging. Reichweite im Raum Wien 1993 beachtliche 10 Prozent. Gesendet wurde aus Bratislava, somit außerhalb des Hoheitsgebiets des ORF, aber auf Deutsch und mit nach Ostösterreich ausgerichteten Antennen. Stimme – und Gesicht – des Senders war Gotthard Rieger. Am

Sender war auch Richard Lugner (☞ Kapitel „Word-Rap") beteiligt, weshalb später in der Übergangsphase zur Marktöffnung des Radiosektors aus der Lugner City gesendet wurde. Prägnant war auch das in Neonfarben (gelb, rosa und hellblau oder hellgrün auf schwarzem Grund) gehaltene Logo des Senders, das besonders in Form von Aufklebern zeitweise ganz Wien zupflasterte. 1998, mit dem Ende des Monopols, wurde „Radio CD" zeitgleich mit dem Start von 15 neuen Radiosendern abgedreht. Gotthard Rieger kehrte später zum ORF (Radio Niederösterreich) zurück, wo er bis zu seiner Pensionierung 2010 weitermoderierte.

Sex, Drugs und Wienerlieder
RUDOLF, KRONPRINZ (* 21. AUGUST 1858, † 30. JÄNNER 1889)

Kronprinz Rudolf verdankt seinen bis heute anhaltenden Ruhm zum einen der Tatsache, der einzige Sohn von Kaiserin Elisabeth (☞) gewesen zu sein, und zum anderen, dass er der einzige prominente Habsburger ist, der – nachweislich – Selbstmord (und zuvor Mord an seiner Geliebten) beging. Letzteres wurde und wird allerdings durch die Familie teilweise bis heute bestritten, es gibt da obskure Mord-Geschichten, da es für einen katholischen Herrscher in spe ganz und gar ausgeschlossen war, so aus dem Leben zu scheiden. So war die Tatwaffe im Besitz von Otto Habsburg (☞), der sie aber zeitlebens nicht herausrückte. Allein, die Beweise sind erdrückend.

Rudolf, der nie viel mit dem Militär anfangen konnte, war bereits einen Tag nach seiner Geburt „Inhaber des Infanterie-Regiments Nr. 19". Er war zu seiner Zeit nicht unbedeutender Natur- und Vogelkundler und verfasste schon mit 12 Jahren einen

100-seitigen Aufsatz zum Thema Adlerjagd. Das später erschienene naturwissenschaftliche Buch „Fünfzehn Tage auf der Donau" fand auch in seriösen wissenschaftlichen Kreisen viel Anerkennung, ja, sogar einige Einträge in „Brehms Tierleben" stammen von ihm. Zwei Wiener Krankenhäuser erinnern an den fortschrittlichen Kaisersohn: Das Krankenhaus Rudolfstiftung wurde anlässlich seiner Geburt errichtet und das damals nach neuesten Erkenntnissen errichtete und geführte Rudolfinerhaus geht auf seine Bemühungen um die moderne Wissenschaft zurück. Dazu passt, dass er – damals völlig unüblich – bei der Geburt seiner einzigen Tochter durchgehend anwesend war (☞ **Elisabeth Petznek**). Auch der Wiener Rudolfsplatz im 1. Bezirk ist nach ihm benannt. Er engagierte sich auch politisch – und zwar deut-

lich antimonarchistisch. 1878 wurde sein (inkognito verfasstes) Pamphlet „Der österreichische Adel und sein constitutioneller Beruf" zum Skandal des Jahres. Ab 1881 verfasste er sogar (wieder unter Pseudonym) für das „Neue Wiener Tagblatt" regelmäßig antiklerikale und antimonarchistische Leitartikel, die sogar oft vom Herausgeber vorzensiert werden mussten, weil sie so radikal waren. Was die Entwicklung der Donaumonarchie betrifft, war er ziemlich hellsichtig und klagte einmal seinem alten liberalen Erzieher Latour: „Ich sehe die schiefe Ebe-

151

ne, auf der wir abwärtsgleiten … kann aber in keiner Weise etwas thun."

Also gab er sich Sex, Drugs und Wienerliedern hin. Den beiden ersteren Gelüsten meist zugleich, denn seine vorletzte Geliebte, die 23-jährige Grazerin, Mizzi Kaspar (☞ Johanna Wolf), die er mit in den Tod nehmen wollte, gab bei einer der häufigen Einvernahmen zu Protokoll: „[Er] war impotent u. nur dann zum Coitus fähig, wenn er Champagner getrunken hatte." Mizzi lehnte sein Ansinnen des Doppelselbstmords immer wieder ab. Daher plante er schließlich die Tat mit einem seiner „Groupies", der 17-jährigen Komtesse Mary Vetsera, auszuführen, mit der er zuvor eine kurze, leidenschaftliche Affäre hatte. Ihr Bruder, Ladislaus, war übrigens eines der prominenten Opfer beim katastrophalen Ringtheaterbrand 1881. Rudolf wurde nach der Tat im Schloss Mayerling postwendend und rückwirkend für geisteskrank erklärt, damit er kirchlich beigesetzt werden konnte. Nach dem Bekanntwerden seines Todes durfte das Wiener Burgtheater längere Zeit keine Stücke spielen, in denen Selbstmorde vorkamen. Sogar Hamlet wurde deshalb gekürzt. Die Geschehnisse in Mayerling wurden seitdem in Dutzenden Romanen (einer wurde von Benito Mussolini in seiner Zeit als Journalist verfasst) und Filmen verarbeitet. Und bis heute leben dort zurückgezogen neun Nonnen des hermetischen Karmeliterordens, um mit täglichen Gebeten das Seelenheil des Prinzen zu erbitten.

Sacher-Masoch-Torte
SACHER-MASOCH, LEOPOLD VON (* 27. JANUAR 1836, † 9. MÄRZ 1895)

Nur wenigen Menschen ist es vergönnt, zu einem sprichwörtlichen, ja, umgangssprachlichen Begriff zu werden. Zwei Österreicher zählen zu diesem erlauchten Kreis: Sigmund Freud gelang dieser Karrieresprung durch die nach ihm benannte Fehlleistung. Und dem Schriftsteller Leopold von Sacher-Masoch durch die nach ihm benannte sexuelle Spielart des „Masochismus", die unter anderem in der als S/M abgekürzten Form für „Sadomasochismus" wohl weiten Teilen der erwachsenen Weltbevölkerung

bekannt ist. Heute lebt sein Name auch in der neueren Form BDSM („Bondage & Discipline, Dominance & Submission, Sadism & Masochism") fort. Und in der nach ihm benannten Sacher-Masoch-Torte, die anlässlich des Kulturevents „Kulturhauptstadt Graz" kreiert wurde. Es handelt sich dabei um eine Variation der Sachertorte mit Ribiselmarmelade und Marzipan.

Fabel-hafte Besetzung
SALTEN, FELIX (* 6. SEPTEMBER 1869, † 8. OKTOBER 1945)

Felix Salten, geboren als Siegmund Salzmann, Journalist, Theaterautor, Operettenlibrettist, Drehbuchschreiber (zum Beispiel war er an Max Ophüls' „Liebelei"-Verfilmung beteiligt), Mitglied von „Jung-Wien" und Gründer des ersten Wiener Kabarett-Lokals „Der liebe Augustin", ist heute vor allem für eines in Erinnerung geblieben: Er war der Autor des Tierromans „Bambi – Eine Lebensgeschichte aus dem Walde" (1923), der, wiewohl schon zuvor erfolgreich, via Umsetzung als Walt-Disney-Zeichentrickfilm (1942) zu medialer Unsterblichkeit gelangte. Weniger bekannt ist, dass Salten mehrere Romane verfasste, darunter auch weitere mit Tieren als Hauptfiguren oder Thema. So etwa eine Fortsetzung seines Welterfolgs mit dem Titel „Bambis Kinder" (deren

Namen übrigens Geno und Gurri lauten). Ein weiteres Tierbuch „Florian – Das Pferd des Kaisers" entstand 1933 und handelte von einem Lipizzaner aus ehemaligem Hofdienst. Dann noch „Der Hund von Florenz" (1923), „Fünfzehn Hasen: Schicksale in Wald und Feld" (1929), „Die Jugend des Eichhörnchens Perri" (1942) und einige mehr.

Neben seinen anderen Werken geht mit großer Wahrscheinlichkeit noch ein anderer internationaler Bestseller auf seine Kappe: der pornografische Roman „Josefine Mutzenbacher". Der pleno titulo „Josefine Mutzenbacher. Die Geschichte einer Wienerischen Dirne. Von ihr selbst erzählt" benannte Roman erschien 1916 anonym. Oder auch nicht, wenn man die fiktive Frau Mutzenbacher als Autorin gelten lässt. Der Roman ist von der ersten Seite an pornografisch und lässt an Deutlichkeit nichts aus. Dennoch gilt er als originell und literarisch wertvoll. Besonders wird allgemein der soziale Hintergrund, die atmosphärische Dichte (des Wienerischen) und das literarische Stilgefühl des Autors hervorgehoben. Laut Oswald Wiener handelt es sich dabei sogar um „den wohl einzigen deutschen pornographischen Roman von Weltrang". Im Gegensatz zu den beiden Nachfolgebüchern „Meine 365 Liebhaber" und „Peperl Mutzenbacher – Tochter der Josefine Mutzenbacher". Salten hat sich selbst nie als Autor der „Mutzenbacherin" geoutet, hat die Zuweisung der Autorenschaft aber auch nie abgestritten. Sie passt auch durchaus zu dem freidenkerischen Teil seiner Werke. Also jener, die nicht von Tieren handeln. Die Pepi Mutzenbacher wurde in der zweiten Hälfte des 20. Jahrhunderts noch einmal durch mehr oder weniger gelungene Verfilmungen populär. Und deren Hauptdarstellerin Christine Schuberth weithin bekannt. Die Popularität des Buches führte dann noch zu diversen Verfahren und auch dazu, dass das Buch trotz mehrerer Anfechtungen aufgrund der Kunstfreiheit in Deutschland noch immer auf dem Index (Liste der jugendgefährdenden Schriften) steht. Der Grund liegt in einigen kinderpornografischen Stellen, die zwar sicher historisch und soziologisch korrekt dargestellt, aber eben doch nach gültiger Rechtslage verboten sind. Andererseits findet sich das Buch heute als Volltextdatei im Internet im Rahmen des Projekts Gutenberg.

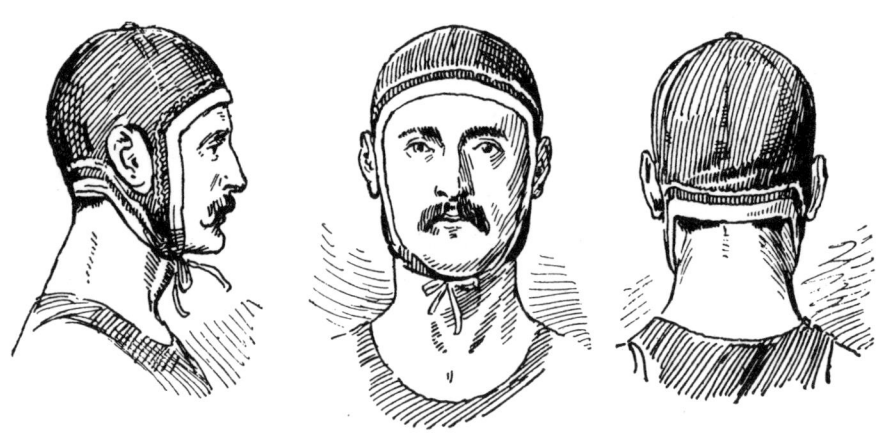

FIKTIVE ÖSTERREICHER

Es ist eine (betrübliche) Tatsache, dass in Literatur und anderen Medien außerhalb der Alpenrepublik Österreicher als Protagonisten eher selten bis nicht vorhanden sind. Daher zahlt es sich aus, einmal einen Blick darauf zu werfen, welche fiktiven Österreicher es da draußen in der schönen weiten Welt dann eben doch gibt.

Da wäre etwa Arnold Schwarzenegger (☞), der zwar in jedem seiner Filme unverblümt mit einem Akzent spricht, den das amerikanische MAD-Magazin einmal treffend „kinda German" („irgendwie Deutsch") bezeichnete. Auf seine österreichische Herkunft wurde sein Akzent in einem Film aber nur ein einziges Mal zurückgeführt. Nämlich in „Kindergarten Cop", wo Schwarzenegger als John Kimble seiner Partnerin erklärt, dass er aus Österreich stamme.

Ergiebiger als der Realfilm ist überraschenderweise die weite Welt der Firma Disney. So findet sich in „Bernard und Bianca – Die Mäusepolizei" unter den Abgeordneten der Mäuse-UNO (der „Rettungshilfsvereinigung") auch eine in Lodenanzug gekleidete Maus mit einem Schild „Austria" vor sich. Kein Wunder, zu dieser Zeit war der Vorsitzende der echten UNO gerade der Österreicher Kurt Waldheim (☞ **Kapitel „Fehlbesetzte Politiker"**). Es gibt in der Szene übrigens noch eine Sigmund-Freud-ähnliche Maus, die aus „Vienna" stammt. Was schmeichelhaft ist, denn Afrika als Ganzes wird nur von einer einzigen Maus vertreten … Miss Bianca selbst ist übrigens Ungarin.

Aber auch einer der wichtigeren Disney-Charaktere und einer der vielen Onkel von Donald Duck ist Österreicher! Und zwar Primus von Quack, im Original Ludwig von Drake. Dass das Universalgenie Onkel Primus ein „echter Wiener" ist, kommt in einigen Comic-Geschichten rund um die Ducks vor, wo er auch manchmal österreichische Worte und Ausdrücke wie „ein bisserl" verwendet. Ludwig von Drake wurde tatsächlich bereits bei seiner Entstehung (erfunden wurde die Figur 1961 für eine Fernsehsendung namens „Walt Disney's Wonderful World of Color") als Österreicher konzipiert. Und auch seine Original-stimme hat in amerikanischen Trickfilmen einen unüberhörba-ren österreichischen – nicht deutschen! – Akzent. Leider wird er mittlerweile in seinen deutschen Auftritten als Reich-Ranicki-Imitation synchronisiert. Primus verfügt nach letzter Zählung über 166 Doktorhüte, darunter auch den des Psychologen und Psychiaters, was wohl seine Nähe zu Wien erklärt. Die tatsächli-che verwandtschaftliche Beziehung zwischen Primus und Do-nald ist sehr kompliziert und eher nur etwas für „Donaldisten". Es genügt zu sagen, dass es mehrere Theorien dazu gibt.

Ein weiterer Disney-Österreicher ist Bambi. Der Held der Geschichte stammt aus der Feder Felix Saltens (➡), der die Figur 1923 in seinem Tierroman „Bambi – Eine Lebensgeschichte aus dem Walde" erschuf. Hier gilt es auch gleich zwei grassierende Irrtümer aufzuklären. Erstens: Bambi ist ein männliches Wald-tier, was jeder weiß, der den Film einigermaßen aufmerksam ver-folgt hat – auch wenn nicht nur bekannte Baumeister ihre weibli-chen Gespielinnen gerne mit diesem Namen bekosen. Unter anderem kommt in dem Film ja auch Bambis Romanze mit sei-ner Freundin und späteren Gefährtin Faline vor. Der zweite Irr-tum ist eigentlich kein Irrtum, sondern eine biologisch-geografi-sche Verwirrung. Bambi wird im Film nämlich am Schluss wie sein Vater ein mächtiger Hirsch, was bei vielen, die hierzulande im Naturkundeunterricht aufgepasst haben, zu besserwisserischer Häme gegenüber den doofen Amis geführt hat. Denn tatsächlich ist Bambi im Buch ein Reh und hat als Junges auch viele Flecken – Hirschkälber haben dagegen aber keine! Nun, bei uns. Denn der Film wurde ja bekanntlich in den USA gemacht und Bambi von den Disney-Animateuren vom lebenden Modell abgezeichnet. Und zwar von einem amerikanischen Hirsch, um genau zu sein einem Weißwedelhirsch. Und dessen Kälber haben sehr wohl Flecken, die den von europäischen Rehkitzen recht ähnlich sehen. Und für alle, die die letzten Zeilen nur unverständig verfolgt haben, etwas Nachhilfe in Biologie: Ein Reh ist nicht die Frau vom Hirsch, sondern es handelt sich hier um zwei gar nicht so nahe verwandte Spezies, die sich unter anderem in der Größe unterscheiden. Kurz gesagt: Rehbock + Reh = Rehkitz und Hirsch + Hirschkuh = Hirschkalb. Alles klar?

Bambi ist auch der (ursprünglich nur Spitz-) Name des größten deutschen Fernsehpreises, der in Form eines zunächst namenlosen Rehkitzes, zu Beginn aus Porzellan, verliehen wird. Die Tochter der ersten Preisträgerin, Marika Rökk (also Gabriele Jacoby), soll zu Haus ausgerufen haben, er sähe aus wie Bambi. Das setzte sich durch und der Spitzname wurde, ähnlich wie beim Oscar, mit der Zeit zum offiziellen Namen. Damit wird jedes Jahr also ein fiktiver tierischer Österreicher an meist deutsche TV-Stars vergeben. Passenderweise zählen zu den Top sechs der multiplen Bambi-Gewinner drei ÖsterreicherInnen: Peter Alexander und O. W. Fischer mit je 10 und Maria Schell mit 8, Platz 1 hält aber unangefochten Heinz Rühmann mit 12 güldenen Rehkitzen.

Aber nicht nur im Disney-Universum, sondern auch im Superhelden-Kosmos der Firma Marvel (Spider-Man, Hulk, Avengers) gibt es Österreicher. Genauer gesagt eine Österreicherin, allerdings leider in Form einer Schurkin und Gegnerin der X-Men. Es handelt sich um eine Mutantin mit dem Namen Destiny, die laut ihrer fiktiven Biografie als Irene Adler in Salzburg geboren wurde. Sie ist zwar blind, besitzt aber die Mutantenfähigkeit der Präkognition. Außerdem ist Destiny eine der wenigen homosexuellen beziehungsweise lesbischen Superheldenfiguren überhaupt. Da ihre Liebhaberin Mystique (auch bekannt aus den X-Men-Filmen) allerdings eine Formwandlerin ist, und so auch die Gestalt von Männern annehmen kann, gilt ihre Beziehung zeitweise auch als bisexuell. (Ich liebe Science Fiction!)

Noch ein weiterer Marvel-Bösewicht ist ebenfalls Österreicher. Doctor Faustus, ein Gegner von Captain America, wurde (fiktiv) als Johann Fennhoff in Wien geboren. Er ist studierter Psychiater – und Verbrecherkönig. Zwar hat er keine Superkräfte, benutzt aber technische Hilfsmittel sowie psychologische Tricks für seine üblen Taten.

In den vielen Filmen und Fernsehserien rund um das „Star Trek"-Universum war bisher noch kein Österreicher (als Charakter) auszumachen. In den Spin-off-Büchern zur Serie wird man jedoch fündig. Und zwar in der dreiteiligen „Star Trek: Destiny"-Romanserie, welche Charaktere unterschiedlicher TV-Serien und Jahrhunderte in einer großen Geschichte vereint. Hier spielt ein aus Österreich stammender Chefingenieur namens Karl Graylock (der unübliche Nachname bleibt unerklärt) eine recht wichtige Rolle. Am Ende wird er (*Spoiler*) sogar zum Ur-Borg und gibt der Spezies auch noch ihren Namen!

Im Film „Der Illusionist" (2006), basierend auf einer Kurzgeschichte des bekannten amerikanischen Schriftstellers Steven Millhauser, kommt ein fiktiver Erzherzog Leopold vor, der die fiktive Herzogin Sophie von Teschen heiratet, in Ungarn zu

Macht gelangt und gegen seinen Vater, den Kaiser, rebelliert. Auch eine fiktive Variante der Tragödie von Mayerling (⇒ **Kronprinz Rudolf**) kommt in diesem Film vor.

Ebenfalls von blauem Geblüt ist der Agent Malko, dessen (Pulp-)Abenteuer von 1977 bis 2001 als Taschenbücher publiziert wurden. „Prinz Malko Linge" stammt aus Liezen, wo er auch ein Schloss besitzt. Die Bücher sind teilweise eine Übersetzung der französischen Roman-Serie „S.A.S." (Son Altesse sérénissime = seine Durchlaucht), die schon 1965 startete und bis heute publiziert wird. Es gab 1982 und 1992 sogar zwei Verfilmungen des Stoffs. Der aktuell letzte französische Roman vom Juli 2013 der weltweit und oft in der aktuellen Realpolitik spielenden Serie trägt die Nummer 199 und spielt in Kabul. (Der Titel der Nummer 196 lautet übersetzt übrigens: „An der schönen Roten Donau".)

Auch ein Aristokrat ist Alexander von Reisden, die Hauptfigur einer dreiteiligen Romanserie (1992–2000) des Genres Mystery Novel der amerikanischen Schriftstellerin Sarah Smith. Aristokrat und Österreicher. Oder doch nicht? Die Lösung wollen wir hier nicht verraten …

Dass einer der bekanntesten fiktiven Österreicher ein fiktiver Österreicher ist, wissen außer Fans desselben nur wenige. Alle anderen denken, Ostbahn-Kurti (beziehungsweise später Dr. Kurt Ostbahn) wäre einfach nur ein Pseudonym oder besser der Stagename von Willi Resetarits (* 21. Dezember 1948). Tatsächlich handelt es sich aber um eine fiktive Person, die sich Autor und Resetarits-Texter Günter Brödl (1955–2000) ausgedacht hatte. Der Namen entstand in einem Scherzdialog in der Ö3-Sendung „Music-Box" zwischen Brödl und Wolfgang Kos (* 12. Mai 1949), heute Direktor des Wien Museums, in den 1970er-Jahren.

1979 wurde Kurt Ostbahn dann erstmals als eine Figur in einem Theaterstück von Günter Brödl namens „Wem gehört der Rock 'n' Roll?" lebendig, inklusive fiktiver Biografie und Discografie. Nach weiterem sporadischen Auftauchen hie und da übernahm schließlich 1983 Resetarits die Rolle und den Bühnennamen, auch um damit einen für ihn persönlich großen musikalischen Stilwechsel zu unterstreichen. Der viele Jahre anhaltende Erfolg der Band „Ostbahn Kurti & die Chefpartie" ließ die beiden in der öffentlichen Wahrnehmung schließlich verschmelzen. Obwohl Ostbahn etwa auch als Protagonist mehrerer Kriminalromane von Brödl (u. a. „Blutrausch", „Hitzschlag", „Peepshow" und „Schneeblind") weiterhin sein Eigenleben führte. Nach dem frühen Tod Brödls schickte Resetarits die Figur in Pension, lässt den musikalischen Herrn Doktor aber seit einigen Jahren wieder gelegentlich bei Konzerten aufleben.

Ein besonders schriller und erst kürzlich (2009) zu Kinoohren gekommener „Österreicher" ist Brüno, ein fiktiver homosexueller Reporter des fiktiven österreichischen Fernsehsenders OJRF (Österreichischer Jungen-Rundfunk). Erfunden und dargestellt wird die Figur von Sacha Baron Cohen, auch bekannt als „Borat". Die Figur Brüno wurde von Cohen sogar schon vor Borat erfunden, hatte seinen ersten Auftritt 1998 und trat dann immer wieder in Cohens „Da Ali G Show" auf. Brüno moderierte sogar 1998 die MTV Movie Awards, und zwar als Engel mit Flügeln über die Bühne schwebend.

Zuletzt sei noch in den Raum gestellt, ob die Rolle des Maximilian Largo in dem inoffiziellen James-Bond-Film „Sag niemals nie" ein Österreicher ist. Klaus Maria Brandauer legt ihn jedenfalls sehr österreichisch an.

Natürlich gibt es auch noch eine Reihe indigener – also in der österreichischen Literatur und in den Medien entstandener – fiktiver und kurioser Österreicher von Bedeutung. Von Josephine Mutzenbacher (☞ **Felix Salten**) über den „Bockerer", diverse Tatort-Kommissare und Major Adolf Kottan sowie die Familien Sackbauer, Leitner, Merian und Lafite bis Rex und Tom Turbo. Aber hier eine sinnvolle Grenze zu ziehen ist nicht möglich. D'rum lassen wir's lieber.

BETTELARM UND NOTHLEIDER

Beamte, nicht nur der Finanz, haben oft nachhaltigen Einfluss auf das Leben von Menschen. Gelegentlich sogar über Generationen anhaltenden und weltweiten Einfluss. Wie im Fall mehrerer habsburgischer Beamter in einigen teilweise recht entlegenen Winkeln des Reiches. Aber fangen wir zuerst woanders an.

Die Geschichte der Namen und besonders der Nachnamen von Menschen ist faszinierend und gibt oft erstaunliche Einblicke in historische und soziologische Zusammenhänge. Tatsächlich beschäftigt sich ja auch ein eigener wissenschaftlicher Zweig, die Onomastik, damit. Im Zusammenspiel mit der weiteren Entschlüsselung des Genpools und der Erforschung von Ortsnamen (Toponomastik) denke ich, dass wir alle zu unseren Lebenszeiten noch so manch Neues und Überraschendes über die Geschichte der Menschheit erfahren werden.

Doch zurück zu den Nachnamen. Gehörte man nicht gerade einem alten Adelsgeschlecht an, hatte man im Mittelalter und davor in den meisten Gegenden der Welt entweder überhaupt keinen Nachnamen oder wurde nach seinem Vater oder nach dem Beruf benannt. Die aus rechtsstaatlichen Gründen angeordnete und notwendige Fixierung der Nachnamen in der Neuzeit (zumindest in Europa) führte daher in der jeweiligen Landessprache zu einer Fülle von Berufsnamen wie Müller, Meier, Schmidt, Bauer oder Schneider; Herkunftsnamen wie Berger, Oberfelder, Brunner oder Auer sowie einer Flut von Vatersvornamennamen plus angehängtem -sohn in der jeweiligen Übersetzung: Peterson, Petersen, Petritsch auch in der Variante mit Genitivendung wie Petrow („des Peters") und Kombinationen wie Petrowski. Dazu kamen Vornamen ohne Endung (Albert, Roland), Tiernamen (Wolf, Fuchs), Adjektive (Fröhlich, Lustig) und seltener von weiblichen Vornamen abgeleitete Namen. Tatsächlich ist das aber alles noch viel komplizierter und verwickelter und würde hier den Rahmen sprengen, weshalb ich einschlägig Interessierte zu eigener Feldforschung ermutigen möchte.

Kompliziert und verwickelt ist auch die Geschichte der jüdischen Nachnamen, um die es hier eigentlich gehen soll. Die in der ganzen Welt verstreuten Juden mussten sich in Vielem ihren jeweiligen Gast- beziehungsweise nach einigen Generationen neuen Heimatländern anpassen. So auch in der Namensgebung. Intern galt meist das nicht fixe patronymische System (ben Saul, „Sohn des Saul") beziehungsweise die direkt von den alten israelitischen Stämmen abstammenden und vererbten Namen wie Levi (davon Löw, Löwenstein etc.) oder Kohn. Nachdem schon die Vergabe der Vornamen oft regional recht streng geregelt war (meist mit dem Ziel der sofortigen Kenntlichmachung), kam es mit der endgültigen Fixierung der Namen in Europa gegen Ende des 18. Jahrhunderts ebenfalls zu regional recht unterschiedlichen Regelungen der jüdischen Familiennamen. Manchmal war das Ziel, die Juden durch den neuen Nachnamen zu integrieren oder aber besonders abzugrenzen. Die erste diesbezügliche Regelung Europas wurde am 28. August 1787 von Joseph II. (➡) erlassen und musste unverzüglich umgesetzt werden: Sie galt nämlich bereits bindend ab 1. Jänner 1788! Jeder männliche Jude des Reiches musste sich einen Nachnamen aussuchen, und zwar einen deutschen, egal, wo der Betreffende im Vielvölkerstaat lebte. Untersagt waren dabei explizit die Annahme eines jüdischen oder eines Ortsnamens. Häufig gebrauchte Namen waren zu vermeiden, Namen von großer Besonderheit zu wählen. Ausdrücklich verboten war die Annahme von Namen deutsch-österreichischer

Adelsgeschlechter. Überdies wurde auch die Annahme eines zweiten – zusätzlichen – deutschen Vornamens verordnet. Unterzeichnet wurde dieses „Patent" von Leopoldus Graf von Kollowrat (1727–1809) und Anton Friedrich von Mayern. In verschiedenen Teilen des Reiches wurde der Erlass unterschiedlich umgesetzt. Oft durften die jüdischen Familien einen Namen wählen, manchmal wurde er ihnen zugeteilt, manchmal konnte man ihn sich auch (durch Bestechung) erkaufen. Und so kann man die damals entstandenen Namen neben vereinzelten Benennungen analog zur christlichen Bevölkerung, wie nach dem Beruf (Schächter, Wechsler, Kramer) oder nach Tieren (Hirsch, Haas), grob in drei Kategorien einteilen. Die schönen, die phantasielosen und die gehässig-phantasievollen.

Die schönen Namen wie Rosen(-berg, -blatt, -tal oder -blum), Blum(-en, -enstock, -enduft), Birnbaum, Stern(-berg), Salz(-er, -mann, -berg), Mondschein, Sonnenschein, Rubin, Diamant, Edelstein, Garfunkel (-stein, Finkelstein), Bernstein, Gold(-berg, -ader), Schön(-berg) waren meist selbst gewählt oder erkauft. Die phantasielosen waren meist Eigenschaftsworte wie Reich, Deutsch, Kurz oder Lang oder Farbbezeichnungen wie Grün, Blau, Rot ... Besonders pragmatisch waren hier die ungarischen Beamten, die jüdische Familien in ihrem Hoheitsgebiet prinzipiell nur Groß, Klein, Schwarz

oder Weiß benannten. Manchmal gab es auch bei den phantasielosen Namen teilweise phantasievolle Erweiterungen wie Reich-
mann, Kurzberg, Rotschild oder Grünspan – womit wir schon
beim letzten Punkt sind. In manchen Teilen des Reiches, vor allem in Ostgalizien (heute Ukraine), wo besonders viele Juden
lebten und auch der Antisemitismus recht verbreitet war, machten sich viele Beamte (übrigens des damaligen Hofkriegsamts,
also Militärs) den Spaß, ihre Antragsteller zu verhöhnen. Entweder indem sie ihnen Spottnamen in Bezug auf ihre Erscheinung, ihren Beruf oder ihr Amt gaben (ein Hinkender: Schnel-
läufer; ein Reicher: Bettelarm oder Nothleider; ein Trinker:
Nüchtern; ein Bäcker: Teigmann; ein Rabbi: Gottlos) oder indem
sie ihrer Phantasie völlig freien Lauf ließen. Und trotz all der
Gehässigkeit und in aller Ablehnung des dahinterstehenden
Gedankenguts muss man doch die perfide Kreativität dieser
Menschen bewundern, die – abseits aller geschichtlichen Impli-
kationen – bis heute immer wieder für Schmunzeln sorgen.
Besonders wenn man als Deutschsprachiger den Abspann
amerikanischer Filme ganz genau liest. Denn, ehrlich, würden
Sie – vor allem in variierter, verballhornter oder absichtlich in
seltsamer Orthographie gehaltener Form – auf so was kommen
wie: Treppengeländer, Küssemich, Brothandel, Eisenfuß, Geld-
fisch, Alfabet, Brandwain, Zweifuß, Nordwind, Eisberg, Katzen-
knie, Groberklotz, Wohlgeruch, Temperaturwechsel, Fasten-
hunger, Bauchgedanken, Afterduft, Woismeingeld, Leibschmerz,
Erdenjammer, Veilchenduft, Brillenmann, Tuschklapper (= einer,
der trommelt), Veilchenthal, Schöndufter, Geldschrank, Todt-
schläger, Sanftmuth, Armenfreund, Schmetterling, Ichselbst,
Wasgehtsdichan, Springindiehöh, Falscherhund oder … Pfeffer-
knödelbestandtheil?

Die Namen mussten auf Lebenszeit getragen werden. Danach wurden sie aber oft geändert oder starben aus und überdauerten somit manchmal nur eine Generation.

Andererseits wurden viele dieser Namen von Immigranten oder im Zuge anderer Assimilationswellen – wie auch andere (Huber = Hoover, Kolisch = Coolidge) – oft übersetzt. Weshalb man an vielen Orten weltweit heute viele dieser Namen häufig in angepasster (USA: Grünspan = Greenspan) oder übersetzter (Ungarn: Deutsch = Nemeth; Holland: Apfelbaum = Appelboom; Israel: Gutmann = Bar-Tov) Form findet.

Erstmals aufgearbeitet wurde die Geschichte dieser Namensgebung bereits hundert Jahre später in dem Buch „Namensstudien" von Emil Franzos.

Den gesamten „Ruhm" für diese Kreationen dürfen übrigens nicht nur kuriose Österreicher für sich beanspruchen. In anderen Gegenden wurde ebenfalls manchmal, wenn auch seltener, so verfahren. So wird etwa immer wieder behauptet, dass der Dichter E. T. A. Hoffmann im Auftrag der preußischen Regierung im damals besetzten Warschau Namen an die jüdische Bevölkerung vergeben hat und ebenfalls für so manchen diesbezüglichen „Geistesblitz" verantwortlich gewesen sein soll. Abschließend sei bemerkt, dass das in Wirklichkeit natürlich alles noch viel weitreichender war. Verschiedene Gesetze an verschiedenen Orten im Laufe der Zeit, Emigration, Eheschließungen und so weiter führten und führen bis heute zu einer Vermischung und Veränderung jüdischer Namen beziehungsweise gar nicht mehr nachzuvollziehenden Übernahmen ehemals jüdischer Namen in heute christliche, buddhistische oder sonstwelche Familien. Das Gros der Gross(-manns) geht aber eindeutig auf Joseph & Co. zurück.

13
SCHÖNBERG, ARNOLD (* 13. SEPTEMBER 1874; † 13. JULI 1951)

Arnold Schönbergs Bedeutung für die (nicht nur Musik-)Geschichte ist gar nicht zu unterschätzen. Dazu empfehle ich die Konsultation einschlägiger Medien. Weniger bekannt ist aber, dass der Meister der Zwölftontechnik an einer Phobie der Zahl 13 gegenüber litt (Triskaidekaphobie) und diese auf schon fast geheimnisvolle Weise „auslebte": Er wurde an einem 13. in Wien geboren und war angeblich davon überzeugt, auch an einem 13. zu sterben. Außerdem glaubte er, weil 7 und 6 zusammen 13 ergeben, dass er 76 Jahre alt werden würde. Tatsächlich starb er in Los Angeles am 13. Juli 1951 – 13 Minuten vor Mitternacht – im Alter von 76 Jahren.

Kindergartencop
SCHWARZENEGGER, ARNOLD (* 30. JULI 1947)

Arnold Alois Schwarzenegger ist in jeder Hinsicht ein kurioser Österreicher. Und der derzeit wohl bekannteste lebende Sohn unserer Heimat. Sowie vermutlich der bedeutendste „österreichische" Politiker seit Bruno Kreisky. Beängstigend.

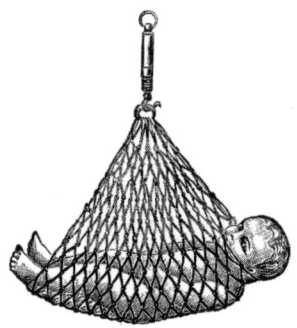

Nur für Herrenabende
SCHWARZER, JOHANN (* 30. AUGUST 1880, † 10. OKTOBER 1914)

Die Marke „Saturn Film" von Johann Schwarzer stellte zwischen 1906 und 1910 über 50 „hochpikante" Kurzfilme zum „Verleih für Herrenabende" her, die in kürzester Zeit in ganz Europa begehrt und für einige Zeit sogar marktbeherrschend waren. Obwohl es sich beim Inhalt der Filme (mit Titeln wie „Das unruhige Modell", „Diana im Bade", „Schleiertanz", „Sklavenschicksal", „Der Traum des Bildhauers", „Im Harem" oder „Die lebenden Marmorbilder") meist um harmlose Nacktszenen handelte, hatte Schwarzer sehr mit der Zensur zu kämpfen. Und mit illegalen Raubkopien, denen er durch die Einführung eines frühen Copyright-Stempels beziehungsweise „Senderlogos" begegnete. Dafür ließ er das Logo der Firma nicht nur im Vorspann, sondern oft auch als Deko-Element, etwa als Muster oder Glasfenster, direkt im Film verwenden.

Dan Brown der 80er-Jahre
SIMMEL, JOHANNES MARIO (* 7. APRIL 1924 IN WIEN;
† 1. JANUAR 2009)

Obwohl der Ruhm allmählich verblasst und seine Werke langsam dem Vergessen anheimfallen, ist Johannes Mario Simmel, ursprünglich Journalist und Reporter (ja, da ist ein Unterschied) sowie Drehbuchautor, doch nach wie vor der erfolgreichste internationale Bestsellerautor aus Österreich. Seine 35 Romane wurden insgesamt über 73 Millionen Mal verkauft, in 30 Sprachen übersetzt und mehrfach verfilmt. Das mit dem Vergessen hat hauptsächlich mit der Art der meisten seiner Bücher zu tun. Simmel verpackte nämlich oft aktuelle gesellschaftliche und auch technische Entwicklungen in spannende Kolportageromane mit kriminalistischen und erotischen Teilen und Motiven. Letzteres (Spannung und Erotik) machte ihn zum Star, Ersteres (aktuell zur Entstehungszeit) fördert das Vergessen. Obwohl sein Werk nach Einschätzung vieler deutlich über anderen Büchern der reinen Unterhaltungsliteratur steht, wird er oft als Trivialautor angesehen und somit nicht als echter Literat wahrgenommen. Was andernorts kein besonderes Problem darstellt (Stephen King oder Dan Brown), sorgte hierzulande doch immer für ein wenig Nasenrümpfen. Mit einigen Romanen wie „Mit den Clowns kamen die Tränen" wird er heutzutage aber zumindest als Grenzgänger und gelegentlicher -überschreiter in Richtung „echte" Literatur angesehen. Was aber auf jeden Fall bleiben wird, sind die fast immer außergewöhnlichen Titel der Bücher Simmels, die manchmal nur aus Satzteilen bestehen und zum Teil tatsächlich sprichwörtlich geworden sind. Wie zum Beispiel „Das geheime Brot", „Der Mörder trinkt keine Milch", „Man lebt nur zweimal", „Gott schützt die Liebenden", „Es muß nicht immer Kaviar sein", „Liebe ist nur ein Wort", „… und Jimmy ging zum Regenbogen", „Der Stoff, aus dem die Träume sind", „Niemand ist eine Insel", „Auch wenn ich lache, muß ich weinen", „Der Mann, der die Mandelbäumchen malte" und „Liebe ist die letzte Brücke".

Schifferlversenken

TEGETTHOFF, WILHELM VON (* 23. DEZEMBER 1827, † 7. APRIL 1871)

Über Leben und Karriere von Wilhelm von Tegetthoff, Vizeadmiral und Kommandant der österreichischen bzw. österreichisch-ungarischen Kriegsmarine, an den heute ein Denkmal (eine elf Meter hohe Säule am Wiener Praterstern) erinnert, ist an sich nicht so viel Kurioses zu vermelden. Und würden nicht diverse Namensgebungen auf ihn verweisen, wäre er vielleicht schon in Vergessenheit geraten. Wäre da nicht auch sein legendärer Sieg gegen die italienische Flotte bei Lissa gewesen. Da die Italiener an Feuerkraft überlegen waren, entschloss sich Tegetthoff dazu, die Gegner nicht durch Beschießen, sondern durch Rammen zu versenken –
und gewann die Schlacht.
Was ihm unter anderem den
Maria-Theresien-Orden einbrachte, der ja für originelles kriegerisches Denken und Handeln bis hin zur Befehlsverweigerung vergeben wurde.

Weltberühmt, nur nicht in Österreich

TRAPP, FAMILIE

Einige der berühmtesten Österreicher weltweit sind in Österreich nach wie vor nur wenigen wirklich bekannt. Die Rede ist hier von der Gesangsgruppe mit dem Namen „Trapp-Familie" – bestehend aus Korvettenkapitän und k.u.k. U-Boot-Kommandant Georg Ludwig Ritter von Trapp (1880–1947), seiner zweiten Frau und ehemaligen Postulantin, also Nonnen-Azubi, Maria Augusta Trapp, geborene Kutschera (1905–März 1987), deren gemeinsamen Kindern Eleonore, Rosmarie und Johannes sowie den Geschwistern Rupert, Agathe, Maria, Werner, Hedwig, Johanna und Martina aus der ersten Ehe des Ritters (mit Agathe Whitehead, der Enkelin des Torpedo-Erfinders). Die Trapps waren, nachdem sie 1937 den Volkssängerwettbewerb der Salzburger Festspiele gewannen, schon in Österreich erfolgreich. Nach geglückter Flucht

und Emigration in die USA knüpften sie dort als „Trapp Family Singers" an ihre Karriere an, indem sie vor allem heimatliche Volkslieder zum Besten gaben. 1959 wurde ihr Schicksal in dem Broadway-Musical „The Sound of Music" von Rodgers & Hammerstein, prämiert mit acht Tony Awards, aufgearbeitet. Die gleichnamige Hollywood-Verfilmung des Stoffes (auf Deutsch „Meine Lieder, meine Träume") mit Julie Andrews und Christopher Plummer erhielt fünf Oscars und machte die Familie international berühmt. Er prägt seit damals wesentlich das Bild Österreichs im Ausland. Die Handlung zeigt die Liebesgeschichte zwischen der jungen Fastnonne Maria und dem verwitweten Kapitän von Trapp und berichtet vom Widerstand der Familie gegen die Nazis und ihrer Flucht aus Österreich in letzter Minute. Ein zentrales Lied, in dem der Kapitän seinen österreichischen Patriotismus gegenüber der Vereinnahmung durch das Deutsche Reich verteidigt, trägt den Namen der österreichischen Nationalblume „Edelweiß". 1965 war es aber hierzulande wohl noch zu früh, Emigranten und NS-Gegner als (Musical-)Helden zu feiern. Hatte Trapp doch eine Stellung in der deutschen Marine abgelehnt und war der Einladung, gemeinsam mit seiner Familie bei Adolf Hitlers Geburtstag in München aufzutreten, nicht gefolgt. Trotz einiger Auszeichnungen für die Familie durch die Republik auch für Hilfsleistungen in der Nachkriegszeit und der Benennung einiger Verkehrsflächen wurde der Film bei uns kaum wahrgenommen. Ganz im Gegensatz zum Rest der Welt, wo das Musical eines der bekanntesten überhaupt ist und wo der Film mit etwa einer Milliarde Zuseher als einer der weltweit meistgesehenen gilt. Insbesondere in den USA, England, Frankreich, Japan, Indien und China hat er bis heute viele Fans, in Frankreich etwa läuft „The Sound of Music" jährlich als klassischer Weihnachtsfilm im Fernsehen. Neben Mozart (☞») und den Salzburger Festspielen gilt die Geschichte der Trapp-Familie als wichtigster Grund für Ausländer, Salzburg zu besuchen, angeblich kommen rund 300.000 pro Jahr nur wegen der Familie Trapp dorthin. Wo diese dann immer wieder verblüfft zur Kenntnis nehmen, dass hierzulande kaum jemand Film, Musical oder die Trapps überhaupt kennt. Das Bühnenstück wurde auch erst ab 2005 (abgesehen von einer ironisierenden Version im Wiener Schauspielhaus 1993 und einer Aufführung in Innsbruck) in Österreich an einem großen Haus, der Volksoper Wien, gezeigt. Mittlerweile schlägt Salzburg aber durchaus Kapital aus seinem diesbezüglichen Ruhm. Mit „Sound of Music"-Touren, Stadtrundfahrten sowie einschlägigem Merchandise wird hier auf die Erwartungen des Publikums eingegangen. Seit 2007 gibt es eine Marionettentheaterversion des Musicals und 2011 wurde das Stück auch hier erstmals mit Uwe Kröger als Kapitän von Trapp gezeigt. 1991 wurde übrigens eine 40-teilige japanische Zeichentrickserie namens „Trapp ikka monogatari" (auf Deutsch „Die singende Familie Trapp") produziert, die 1998 auch im ORF – allerdings ~~zensiert~~ gekürzt – ausgestrahlt wurde. Und nachdem etwa die Hälfte der Folgen on air gegangen war, wurde die Ausstrahlung beendet. Auch in Deutschland wurde die Serie nur verschämt gezeigt: Die Folge 36, „Nazi's Invasion", bis zu der man in Österreich gar nicht vorgedrungen war, trägt auf Deutsch den Titel „Eine Fliege im Hals".

Die Urenkel des Ritters haben sich übrigens aktuell zu einer neuen Formation namens „The von Trapp Children" zusammengetan und touren die Welt unter anderem mit Liedern aus dem Musical über ihre Familie (siehe auch www.vontrappchildren.com).

Bomben über Venedig

UCHATIUS, FRANZ FREIHERR VON (* 20. OKTOBER 1811, † 4. JUNI 1881)

Feldmarschallleutnant Franz von Uchatius gilt als der genialste Techniker der österreichischen k.u.k. Armee. Unter anderem erfand er das nach ihm benannte Uchatius-Verfahren zur Stahlerzeugung. Aber er erdachte auch (schon im Jahr 1845) ein Verfahren zur Bildprojektion, das es erstmals ermöglichte, bewegte Bilder (nämlich die Scheiben von Simon Stampfer; ➡ **Kapitel „Erfinder, Forscher und Entdecker")** mehr als einer Person zu zeigen. Hier besonders hervorgehoben sei aber der von ihm erdachte und durchgeführte erste Luftangriff der Geschichte. Dieser wurde am 22. August 1849 vom österreichischen Heer gegen die belagerte Stadt Venedig durchgeführt. Uchatius schlug vor, Bomben mit Zeitzündern von heißluftgefüllten Papierballons abwerfen zu lassen.
Der Plan wurde ausgeführt und einige der 110 15 Kilo schweren Bomben explodierten tatsächlich zwischen Juni und Juli über Venedig. Im Gegensatz zu anderen Ideen von Uchatius war die Aktion (militärisch) aber kein Erfolg.

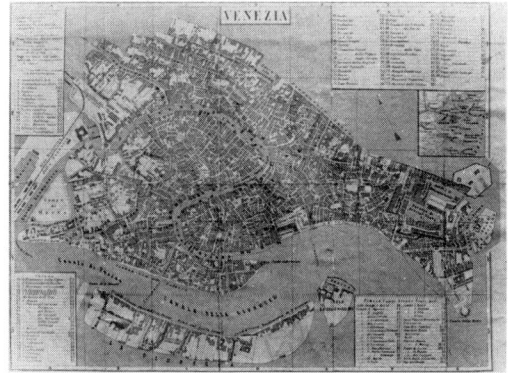

Vier Romane in vier Wochen

VLCEK, ERNST (* 9. JÄNNER 1941; † 22. APRIL 2008)

Obwohl der Name Ernst Vlcek außerhalb eines speziellen Kreises kaum ein Begriff ist, war er einer der bedeutendsten Autoren Österreichs. Zumindest wenn man die Zahl der publizierten Seiten und die Leserzahl als Maßstab nimmt. Neben verschiedenen Jobs und Berufen schrieb Vlcek schon ab 1963 Romane für Romanheftserien. 1970 wurde er schließlich in das Autorenteam der größten Science-Fiction-Serie der Welt, „Perry Rhodan", aufgenommen. Dort leitete er später auch 16 Jahre lang die sogenannte „Exposé-Redaktion", die den Kurs und die Richtung der Serie festlegt. Außerdem schaffte er den bis dato nicht geschlagenen Rekord, vier aufeinanderfolgende Hefte (Umfang je zirka 60 Seiten, Erscheinungsmodus: wöchentlich!) zu verfassen. Er schrieb auch für die „Perry Rhodan"-Spin-off-Serie „Atlan", war federführend an den Fantasy-Serien „Mythor" und „Dragon" beteiligt und schuf die bis heute erfolgreiche Horror-Serie „Dämonenkiller". Er publizierte auch Bücher wie die vierteilige „Sternensaga" und verfasste diverse andere Heftromane unter, wie in diesem Bereich üblich, verschiedenen Pseudonymen wie Paul Wolf, Alfred C. Curtis und Adam Rice – aber auch Regine Lysanek und Esther Maria Schreyer. Ernst Vlceks Gesamtwerk beläuft sich auf über 350 Heftromane und Taschenbücher mit insgesamt über 22.000 Seiten. Womit Vlcek mit ziemlicher Sicherheit mehr Seiten publiziert hat als jeder andere österreichische Schriftsteller, lebend oder tot. Und da „Perry Rhodan" unter anderem auch in

Frankreich, Italien, Brasilien, den USA und Russland erscheint oder erschien (bestätigte Gesamtauflage: über eine Milliarde Hefte), und auch viele seiner anderen Serien übersetzt wurden und werden, gehört das Werk von Ernst Vlcek zu den weltweit verbreitetsten eines österreichischen Autors. Vermutlich hat er sogar mehr Leser als Österreichs offizieller Bestseller-Autor Nummer eins Johannes Mario Simmel (⇒→).

Young, Strong & Healthy
WANZ, OTTO (* 13. JUNI 1943)

Wenn man schon von kuriosen Österreichern schreibt, dann kann man an Otto Wanz kaum vorbei. Nicht nur weil er mehrfacher Weltmeister im Telefonbuchzerreißen ist. Neben seiner Sportlerkarriere, zuerst Boxer, dann einmal World Heavyweight Champion der „American Wrestling Association", vier Mal der „Catch Wrestling Association" und der Sieg in einigen Kraftwettbewerben, hat die Biografie von Wanz noch so einiges zu bieten. Im Nebenerwerb versuchte sich „Big Otto – Steamroller from Graz", auch bekannt als „Bulldog Otto" und „Grand Lapin", auch immer wieder als Schauspieler und sogar nicht unerfolgreich im Musikbusiness. Er spielte nicht nur im Video der Ersten Allgemeinen Verunsicherung zu ihrem Song „Afrika (ist der Massa gut bei Kassa)" mit – Wanz war der Massa –, sondern sang auch selbst. Und zwar 1989 zusammen mit anderen recht wild wirkenden Catchern unter dem Bandnamen „Battle Royal". Ihr durch-

aus ohrgängiger Song „(We are) Young, Strong & Healthy" in eher abenteuerlichem Englisch – mit Ausnahme eines schwarzen Native Speakers, der nicht nur recht gut sang, sondern auch eine Passage ganz passabel rappte – schaffte es immerhin in die Top Ten der Ö3-Charts. Unter „Battle Royal" versteht man im Catchen übrigens eine Disziplin mit einer unbeschränkten Zahl an Kontrahenten, die sich langsam gegenseitig dezimieren. Die Gruppe nahm im Jahr darauf noch ein Lied („Dynamite") auf, das aber kein so großer Erfolg wurde.

Lokalschließung vorprogrammiert
WEBER, STEFAN (* 8. NOVEMBER 1946)

Die von Stefan Weber, im bürgerlichen Leben Zeichenprofessor, geleitete Punk-Anarcho-Spaß-Grauslich-Polit-Band „Drahdiwaberl" gehört zweifellos zum Kuriosesten, das Österreich zu bieten hat. Trotz gelegentlicher Abstecher in den Mainstream („Lonely" erreichte Platz vier in den US-Charts) gehören Weber und seine wechselnde Truppe, in der unter anderem auch schon Falco (➠) und Jazz-Gitti wirkten, zu den unberechenbarsten Acts der Welt. Da bei ihren Auftritten jedes Mal nicht an diversen Körperflüssigkeiten gespart wird, stehen sie auch dem „Wiener Aktionismus" nahe. Bezeichnend für ihr Wirken, das in Österreich meist mit einem Schmunzeln und Schulterzucken hingenommen wird, war ein Auftritt im New Yorker Palladium, im Zuge dessen sie unter anderem auf der Bühne einen Gangbang durchführten, bei dem die Beteiligten die Masken internationaler Politiker trugen. Natürlich folgte dem ein internationaler Skandal. Berichte in der New York Times, The Sun und Bild folgten, was dazu führte, dass sie bei einem späteren Gig in einem New Yorker Underground-Lokal vom Besitzer inständig gebeten wurden, ihre Show etwas zu reduzieren, da sonst die behördliche Schließung des Lokals zu befürchten wäre. Im Jahr 2005 erhielt Stefan Weber den „Amadeus Award" für sein Lebenswerk, auf den er sich prompt stilgemäß erbrach.

Honig aus der Innenstadt
WEDENIG, CHRISTOPH (* 5. AUGUST 1958) UND BERNHARD (* 27. APRIL 1955)

Im Zuge der Bewegung, Bienenvölker zu retten, zum Teil indem sie an verschiedenen Plätzen in Großstädten angesiedelt werden, gelang den beiden Imkern Christoph und Bernhard Wedenig 2013 ein besonderer Coup: Sie durften ihre Völker auf dem Dach des Wiener Konzerthauses ansiedeln. Laut den beiden Imkern bieten Großstädte nachweislich alle Voraussetzungen für die schadstofffreie Bioimkerei, vor allem weil es hier keine Pestizide gibt. Außerdem blühe in Wien immer irgendetwas, so einer der Imker. Sie werden ihre Bienen in Zukunft regelmäßig besuchen, pflegen und Honig ernten, während unter ihren Füßen die größten Künstler der Welt für die musikalische Untermalung sorgen.

Radi(k)al nummeriert
WINKLER, MICHAEL (* 1823, † 28. JUNI 1898)

Die Nummerierung der Häuser Wiens und vieler anderer Städte und Gemeinden Österreichs, der ehemaligen Kronländer und darüber hinaus folgt ganz bestimmten, strengen und genauen Regeln. Nämlich dem „Winkler'schen System der Hausnummern". Doch ein paar Schritte zurück. Das erste System zur Erfassung von Häusern (und deren Bewohnern – vor allem zur Aushebung von Soldaten) waren die sogenannten Konskriptionsnummern, eine mehr oder weniger chronologisch und geografisch fortlaufende Nummerierung. Tafeln mit diesen Nummern findet man heute noch in vielen alten Hauseingängen. Doch dann kam ein neues, revolutionäres System, das in Wien, auch basierend auf der sternförmigen Struktur der Stadt, so definiert wurde: Radialstraßen – das sind solche, die vom Zentrum wegstreben – werden stadtauswärts nummeriert; die geraden Nummern rechts, die ungeraden links. Querstraßen, die meist um das Zentrum herumführen, gehen im Uhrzeigersinn vom Beginn der Straße weg, wobei ebenfalls die geraden Nummern rechts, die ungeraden links stehen. Plätze werden kreisförmig im Uhrzeigersinn nummeriert. Dieses System geht auf den Schilderfabrikanten Michael Winkler zurück, der es 1862 erdachte. Winkler besaß ursprünglich ein Atelier für Schildermalerei, entwickelte dann aber ein Verfahren für den Metallguss von Schildern und Tafeln. Nach der Erfindung seines Systems wurde Winkler, der

auch ein noch heute gültiges Werk zur „Umrechnung" von Konskriptionsnummern in heutige Hausnummern schuf, praktischerweise auch gleich mit der Herstellung aller neuen Schilder beauftragt. Kein schlechtes Geschäft. Passenderweise ist heute (und bereits seit 1884) eine Wiener Straße nach Winkler benannt. Übrigens wurden die massiv gegossenen Straßentafeln und Hausnummern aus Zink häufig aufgrund ihres Metallwerts gestohlen, weshalb man ab 1908 auf das noch heute übliche billigere Blech umstieg.

Nur kein Genieren
WOLF, JOHANNA (* 1841, † ?)

Johanna Wolf, geborene Rosenstrauss, stammte aus Budapest. Nachdem ihr Mann, ein Buchbinder aus Bayern, starb, wurde sie in Wien zur Bordellbetreiberin, deren Haus bald das höchste Ansehen genoss. Offiziell war ihr Beruf „Weißnäherin". Sie war politisch bedeutsam, weil sie im Auftrag ihres Kunden Kronprinz Rudolf (⁕→) einen anderen ihrer Kunden, Prinz Wilhelm (den späteren deutschen Kaiser Wilhelm II.), aushorchte. Auch der spätere englische König Edward VII. frequentierte ihr Etablissement. Mizzi Kaspar, die langjährige Geliebte von Rudolf, gilt ebenfalls als eines ihrer Mädchen. Durch ihre enge Beziehung zum Kaiserhaus kam „Madame Wolf" zu zahlreichen Film- und Theaterehren. Im Musical „Elisabeth" singt sie in der 5. Szene des zweiten Akts (betitelt „Das Wolf'sche Etablissement in Wien") das Lied „Nur kein Genieren".

Hüftgelenk und Waschmaschine
WURM, FRANZ XAVER (* 18. JULI 1786, † 6. NOVEMBER 1860)

Franz Xaver Wurm erfand viele technische Geräte von Feuerwehrspritzen bis zu Paternosteranlagen. Angeregt durch einen Wettbewerb entwickelte er eine Flachsspinnmaschine und gründete daraufhin mit einem Kompagnon eine Flachsspinnerei in Gramatneusiedl. Finanzielle Schwierigkeiten brachten ihn, angeregt durch den Flop seines Freundes Franz Besetzny (⁕→ Kapitel „Erfinder, Forscher und Entdecker"), auf eine weitere Idee: das Fälschen von Banknoten! Obwohl ihr Einsatz nur als Überbrückung gedacht war, flog die Sache schnell auf und über Wurm wurde 1827 die Todesstrafe verhängt. Das Urteil wurde später in lebenslange Kerkerhaft umgewandelt, wo Wurm weiter forschte und entwickelte. Unter anderem erfand er weitere Spinnmaschinen, eine Methode, um Zucker aus Heu zu gewinnen, eine Schreibmaschine für Blinde sowie eine mathematisch-astronomische Uhr. Was uns direkt zum Happy End der Story führt. Als es Wurm nämlich als Einzigem gelang, eine französische Spieluhr des Kaisers Franz II./I. (☞→) zu reparieren, und er als Bonus auch eine Musikwalze mit dem Lieblingsstück des Kaisers einbaute, wurde er begnadigt. Und – eigentlich logisch – im kaiserlich-königlichen Hauptmünzamt angestellt. Er tüftelte aber auch privat weiter und erfand unter anderem künstliche Beine mit Hüft-, Knie- und Knöchelgelenken, eine Waschmaschine, eine Kreissäge, eine Brennholzschneidemaschine für Blinde, eine Goldwaschmaschine, eine Maschine zur Herstellung von Nägeln sowie eine dann vom Brockhaus Verlag und Verlagen in New York benutzte Letternsetzmaschine. Viele seiner Modelle und Pläne fielen allerdings der Revolution von 1848 zum Opfer. Wurm hielt zahlreiche Patente, darunter auch für: einen Verdampfungsapparat, eine Mahlmühle, eine Bandseilmaschine, eine neue Methode zur Herstellung aller Arten von Latten, Brett- und Bodennägel, eine Drahtseilmaschine für den Bergbau, einen Kondensator für Dampfmaschinen, einen Paginierstempel, einen Repulsionsdampfhammer mit universaler Steuerung sowie eine Fleisch- und Knochenmühle.

Franz Xaver Wurm kommt auch als Spinnereibetreiber in der Studie „Die Arbeitslosen von Marienthal" von Marie Jahoda, Paul Lazarsfeld und Hans Zeisel vor. Diese wurde in den 1930er-Jahren verfasst und gilt heute als erste wesentliche empirische sozialwissenschaftliche Arbeit der Welt.

Agent 00Z
ZILK, HELMUT (* 9. JUNI 1927, † 24. OKTOBER 2008)

Die Vita des vor allem als Wiener Bürgermeister bekannten Helmut Zilk ist an bunten Sprengseln so reich, dass sie den Rahmen eines Eintrages hier eigentlich, nun ja, sprengt. Daher nur ein paar Highlights. Neben einigen musikalischen Ausritten (☞ **Kapitel „Musikalische Seitensprünge"**) war Zilk vor und nach seiner politischen Tätigkeit auch Moderator mehrerer Fernsehsendungen. Als Bürgermeister gelangen ihm einige Gustostückerln an moderaten, typisch österreichischen Kompromissen und Deeskalationen. Vor allem sein Umgang mit Jugendlichen, was vielleicht auch auf seine frühere Tätigkeit als Lehrer und Schuldirektor zurückzuführen ist, ist erwähnenswert: Statt Sprayern die Ausübung ihrer Kunst zu verbieten, stellte er ihnen großzügige Flächen am Donaukanal zur Verfügung. Dorthin siedelte er nach vielen Konflikten am alten Standplatz auch das Jugendlokal Flex, das seit-

dem ungestört der Jugendkultur frönt und dröhnt. Als zwei Jugendliche einen Hydranten am Karlsplatz bemalten, „verurteilte" er sie dazu, alle (!) Hydranten am Karlsplatz zu bemalen. Außerdem war er es, der der „Republik Kugelmugel" im Wiener Prater Asyl bot und der die Autos endgültig vom Wiener Rathausplatz verbannte. Womit er der Vater sämtlicher bis heute dort veranstalteten Großereignisse ist. Außerdem stellte er dem Life Ball das Rathaus als Veranstaltungsort zur Verfügung. Auch ein Briefbombenattentat, bei dem ihm zwei Finger weggerissen wurden, konnte Zilk nicht erschüttern. Die Notversorgung durch seine Frau Dagmar Koller (➡) wies er selbst und vehement an. Nach seiner Genesung trat er bis zu seinem Lebensende mit einem aus demselben Stoff wie seine Krawatte gefertigten Seidentuch in der Öffentlichkeit auf, das um seinen Stumpf gewickelt war. Bis heute nicht ganz geklärt ist seine vermeintliche, aber vermutlich pro-westliche Tätigkeit als tschechisch-amerikanischer Doppelagent.

FEHLBESETZTE POLITIKER

Zugegeben, der Titel ist etwas hoch gegriffen. Denn einerseits kann man über so manchen Politiker, der sich wahlweise durch Nichtstun oder drastische beziehungsweise inhumane Entscheidungen auszeichnet, mit gewissem Recht sagen, er oder sie wäre fehlbesetzt. Andererseits haben die recht willkürlich in diesem Kapitel gelandeten Amtsträger vielleicht außer den kuriosen Sagern oder Leistungen, die ihnen einen Eintrag in diesem Buch sichern, auch durchaus Sinnvolles in ihren Ämtern geleistet. In manchen Fällen sogar sicher. In manchen … nun, man weiß es nicht.

Fred Sinowatz (1929–2008), von 1983 bis 1986 Bundeskanzler in der undankbaren Rolle des Nachfolgers von Bruno Kreisky, etwa hat in seiner Karriere sicher einiges für dieses Land getan. Dennoch wird man ihn immer vor allem mit einigen seiner Aussprüche assoziieren, von denen der wohl berühmteste lautete: „Es ist alles sehr kompliziert." Über diesen Satz wurde und wird häufig – aber eigentlich völlig zu Unrecht – gescherzt. Denn es *ist* alles sehr kompliziert in der Politik (und nicht nur dort), und es gehört eigentlich einiges an Mut dazu, das auch zuzugeben, anstatt immer einen auf Oberchecker zu machen. Angeblich lautet das korrekte Zitat aus seiner Regierungserklärung von 1983 übrigens etwas unspektakulärer: „Ich weiß, das klingt alles sehr kompliziert …" Noch weniger geglückt scheint allerdings ein anderer Ausspruch von Sinowatz, der da lautete: „Die Politik ist keine Salami." Obwohl er wohl auch da recht hatte, bleibt die Aussage dennoch kryptisch.

Apropos Salami: Ebenfalls dem ungarischen Kulturkreis entstammen wilde Partys mit musikalischer Begleitung namens

„Mulatschag". Bei einem ebensolchen lieferte die Ärztin und damalige ÖVP-Ministerin Andrea Kdolsky (* 1962) einen legendären „Gräfin Mariza"-Gesangsauftritt. Weiters erlangte sie Bekanntheit durch die Umgestaltung ihres Büros nach Feng-Shui-Kriterien (Zitat: „Der Zimmerbrunnen ist schon bestellt."), durch das Bekenntnis zu mit Kristallenergie aufgeladenem Wasser, einen Auftritt als Model beim Life Ball 2007, ihre Aussage, dass Kinder lästig seien, und das Verteilen von Kondomen an Schüler (vermutlich besteht hier kein Zusammenhang) sowie die Publikation eines Kochbuchs „Schweinsbraten & Co. Die besten Rezepte vom Schwein". Kdolsky war übrigens Gesundheitsministerin.

Ein PS noch zu Fred Sinowatz. Er war es, der den zeitweise eskalierten Konflikt zwischen Kraftwerkbauern und Umweltschützern in der Hainburger Au durch eine Nachdenkpause und einen Weihnachtsfrieden endgültig beilegte. Was den zu der Zeit extrem populären Publizisten Dr. Dr. Günther Nenning (1921–2006) zu dem eine tiefere Wahrheit beinhaltenden Satz inspirierte: „Wir in Österreich machen alles wie in Deutschland. Nur ein bisserl später und ned so deppert." Nenning (gerne auch – angeblich zuerst von Bruno Kreisky – als Dr. Günther Günther Nenning bezeichnet) ist auch durch seinen Auftritt bei einer Pressekonferenz der Umweltschützer, verkleidet als Auhirsch, bekannt.

Weniger lustig war der Fauxpas des damaligen Ministers Friedhelm „Fri-Fri" Frischenschlager (* 1943), der 1985 einen aus der Haft entlassenen Kriegsverbrecher am Flughafen per Handschlag begrüßte. Ironischerweise sollte sein persönliches Auftreten und die Verwendung eines Heeresflugzeuges die Rückkehr des Mannes eigentlich tarnen und vor der Presse verbergen. Der eigentlich liberal eingestellte Frischenschlager begrüßte dabei alle sechs Reisenden, ohne viel nachzudenken. Allerdings flog die Sache noch am Flughafen auf und ging nach hinten los. Der Skandal beschleunigte das Ende der Koalition und führte, auch *weil* sich Frischenschlager prompt entschuldigte, indirekt zum Aufstieg Jörg Haiders und zum stärksten und bis heute anhaltenden Rechtsruck der FPÖ in der Zweiten Republik. Konsequenterweise war Frischenschlager einer derjenigen Freiheitlichen, die sich beim folgenden Bruch von der Partei abwandten und die Kurzzeitpartei LIF (Liberales Forum) mitbegründeten.

Wenig witzig war auch viel früher die Zeit und die Politik von Ignaz Seipel (1876–1932). Er wollte unter anderem Österreich zu einer Präsidialdiktatur ausbauen und ist deshalb an dieser Stelle zu nennen, weil er einerseits katholischer Priester (Prälat) und andererseits zwei Mal österreichischer Bundeskanzler war. Eine Kombination, die man so wohl nicht oft in der Weltgeschichte findet.

Als weiterer kirchlich-politischer Hybrid kann Gertraud Knoll (* 1958) bezeichnet werden. Die ehemalige evangelische Superintendentin war die erste „Bischöfin" Österreichs, wechselte dann aber in die Politik, um beim Bundespräsidenten-Wahlkampf 1998 auf Platz zwei hinter Thomas Klestil zu landen (Platz vier erreichte übrigens Richard Lugner; (☞ Kapitel „Word-Rap"). Danach saß sie für die SPÖ im Nationalrat und trat schließlich wegen eines Haider-Lobs eines anderen Superintendenten sogar aus ihrer Kirche aus. Zweifellos eine bunte Vita.

Sicherlich nicht religiös orientiert war der Langzeitbundeskanzler Bruno Kreisky (1911–1990). Er ist aber hier dennoch hervorzuheben, weil er der bislang einzige jüdische Bundeskanzler Österreichs war. Eine ganze Generation wuchs zwischen 1970 und 1983 auf, ohne je einen anderen Mann an der Spitze Österreichs gekannt zu haben als „Bundes-Bruno". Verewigt wurde Kreisky bereits zu Lebzeiten durch Porträts des damaligen obersten Karikaturisten der Nation Erich Sokol (1933–2003), die Kreisky etwa als Arbeiter zeigten, als Superman, als AUA-Pilot oder auch als Indianerhäuptling, und die als Pickerl von Schülerhand aufgeklebt lange Zeit geradezu ubiquitär waren. Kreisky hatte geradezu ein Popstar-Image. Er war jedenfalls ohne jeden Zweifel der bedeutendste Politiker Österreichs der Zweiten Republik. Vor allem auch, weil er die Stellung Österreichs zwischen Ost und West dafür nutzte, ins weltpolitische Geschehen einzugreifen. Dabei machte er sich ironischerweise gerade in Israel Feinde, weil er für den Frieden durch die Anerkennung der Palästinenser und der PLO eintrat. Das eigene Land baute er zu einem modernen, aber sozial orientierten Land um. Inspirationen dafür hatte er aus der Emigration nach Schweden heimgebracht.

Thomas Klestil (1932–2004) ist übrigens trotz seiner braven (und ein bissi langweiligen) Amtszeit erwähnenswert: als Jugendfreund des internationalen Jazz-Stars Joe Zawinul (1932–2007) – beide stammten aus Wien Erdberg –, als erster hoher Amtsträger Österreichs, der sich während seiner Amtszeit scheiden ließ, und schließlich als – wohl unschuldig – Beteiligter an einem geradezu wörtlichen Fettnäpfchen. Als die Zeitschrift „News" 1992 erstmals erschien, war Thomas Klestil am Cover zu sehen – mit einem auf den zweiten Blick recht deutlich sichtbaren Fettfleck auf seiner Krawatte.

In seine Amtszeit fällt übrigens auch die kurioseste Angelobung einer Bundesregierung mit einem der kuriosesten Bundeskanzler – zumindest – der Zweiten Republik Österreichs. Damit soll keine politische Beurteilung des Wirkens von Wolfgang Schüssel (* 1945) getroffen werden, aber viele Details seiner Karriere und auch seiner Talente sind in diesem Zusammenhang doch erwähnenswert. Zuerst die Talente. Wie ich auch schon in anderen Büchern erwähnt habe, ist es für Österreicher nicht unüblich, neben dem Beruf – egal wie weit vom Künstlerischen entfernt (sagen wir Müllkutscher oder Beamter) – eine musische Ader auszuleben. Siehe auch so manche Politiker und Sportler in diesem Buch. Wolfgang Schüssel ist hier sogar als Multitalent zu nennen, und zwar völlig unironisch. Er spielt mehrere Instrumente (Cello, Klavier, Gitarre und Akkordeon), und das sogar so gut, dass er es auch gelegentlich öffentlich tat. Etwa in einem Kino-Wahlwerbespot der ÖVP, der Schüssel Klavier spielend zeigt, bevor er lächelnd in die Kamera sagt, dass er allen Zusehern diese kleine Pause vom Wahlkampf gönnen wollte. Sein Akkordeon-Spiel gab er etwa bei der Präsentation des „Rot-weiß-roten Liederbuchs" zum Besten. Zusammen mit Kurzzeit-Vizekanzler Wilhelm Molterer (* 1955) an der Gitarre und Ministerin Elisabeth Gehrer an der Querflöte (im Kapitel „Musikalische Seitensprünge" sei auf weitere musikalische Aktivitäten der Frau Minister hingewiesen). Daneben ist Schüssel auch ein begabter Zeichner und Karikaturist, der oft Freunde und Kollegen porträtierte, angeblich auch während der Sitzungen. Danach soll er ihnen die Zeichnungen geschenkt haben. Seine grafischen Arbeiten wurden manchmal publiziert, etwa in einer Serie recht seltsamer Polit-Comic-Pixi-Buch-Hybriden, die die ÖVP zu Wahlkampfzwecken (und eventuell als Antwort auf die Strache-Comics der FPÖ) verteilte. Und erst kürzlich erschien ein Buch mit dem Titel „1001 Gründe, Österreich zu lieben", das der ehemalige Kanzler illustriert hat.

Auch modisch setzte Schüssel Akzente, versuchte er doch offenbar jahrelang krampfhaft die Renaissance des Mascherls anstelle der Krawatte durchzusetzen. Letzten Endes aber vergeblich. Was die politische Karriere betrifft, sind aus kurioser Sicht – abgesehen von der wohl rekordverdächtigen Flut an Verfahren gegen viele seiner ehemaligen Regierungsmannschaft – wohl zwei Stückerln zu nennen, die ihn in die Nähe von Schwejk und Schilda rücken. Zum einen gelang ihm das in Österreich bisher einmalige Husarenstück, aus der Position des Wahldritten (ÖVP: 26,9 %) mithilfe des Wahlzweiten (FPÖ: ebenfalls 26,9 % und um 415 Stimmen mehr) die Position des Bundeskanzlers zu erlangen. Und das trotz gegenteiliger Ankündigung vor der Wahl, wenn auch mittels des gehörigen Tabubruchs, die „böse" Jörg-Haider-FPÖ in die Regierung zu holen. Was auch prompt internationale Proteste und Sanktionen nach sich zog (die man derzeit bei der ungarischen Regierung in dieser Vehemenz eher vermisst). Zum anderen war er der erste Bundeskanzler, der sein Kabinett in Maulwürfe verwandelte: Um den wütenden Protesten der demonstrierenden Regierungsgegner auf dem Ballhausplatz zwischen Bundeskanzleramt und dem Büro des Bundespräsidenten zu entgehen und um das Entstehen entsprechender Fotos zu verhindern, führte er seine Mannschaft durch die unterirdischen Gänge, die quer unter den Regierungsvierteln der Innenstadt verlaufen, zur Angelobung. Diese nahm der Bundespräsident dann auch mit einer Miene vor, die wirkte, als hätte sein Schneider eine Nadel in seinem Anzug vergessen und eine Zitronenscheibe hätte sich zwischen seinen Zähnen verfangen. Je nun. Wolfgang Schüssel, noch bis 2011 einfacher Parlamentarier, ist aber noch durchaus agil und rüstig. Gut möglich, dass noch von ihm zu hören sein wird.

Den modisch ebenfalls gewagten öffentlichen Auftritt von Vizekanzler Alois Mock (* 1934) in Shorts und das (angeblich ironische) Küssen des Moskauer Flughafenbodens durch Bundeskanzler Alfred Gusenbauer (* 1960) – allerdings lange vor seiner Amtszeit – können wir nach dieser kurzen Erwähnung getrost überspringen. Ebenso einen der Minister der Regierung Schüssel, Hubert Gorbach (* 1956), der sich nach seiner Amtszeit auf ministeriellem Briefpapier in so schauderhaftem Englisch um Jobs bewarb, dass diese anekdotische Tatsache die eigentliche Chuzpe daran überstrahlt: „The world in Vorarlberg is too small", „At this time the most important thing for me is that our good contacts will be upright furthermore!". Immerhin brachte der Brief Gorbach den „Übelsetzer"-Preis des Österreichischen Übersetzer- und Dolmetscherverbandes Universitas. Und inspirierte den sonst alles andere als unumstrittenen reimenden Krone-Kolumnisten Wolf Martin zu einem (leicht zu googelnden) Gedicht, das mit der Zeile „Dear Queen! I fall to Your feeds down!" beginnt und wirklich zum Niederknien schön ist. Aber schlechtes Englisch schützt in Österreich bekanntlich nicht vor Ministerwürden, wie ja auch die ressorthoppende Ministerin Maria Fekter (* 1956) mit ihrem berühmten Satz „Die Zeit, die wir uns gegeben haben, ist shortly. Und auf Ihre Frage, was das heißt, sage ich Ihnen: shortly, without von delay" bewies. Diese letzten vier Worte wurden 2011 auch zum Spruch des Jahres gewählt.

Ebenso rasch abhaken können wir Kurzzeit-Bundeskanzler Viktor Klima (* 1947), der damals der einzige Politiker war, der dem neuen Shooting Star Jörg Haider in Diskussionen gewachsen war und der nach seinem Rücktritt ausgerechnet Chef der Firma Volkswagen in Argentinien wurde. Heute lebt er als Rinderfarmer in der Nähe von Buenos Aires. Die wohl seltsamste postpolitische Karriere eines österreichischen Spitzenpolitikers.

Während seiner Amtszeiten seltsam war dagegen die Karriere von Bundespräsident Kurt Waldheim (1918–2007). Immerhin bekleidete er schon zuvor einen der prestigeträchtigsten Posten der Welt: Von 1972 bis 1981 war er Generalsekretär der Vereinten Nationen, kurz der Chef der UNO. Damals eine logische Wahl, denn in Zeiten des Kalten Krieges schien ein Mann aus dem neutralen Österreich ein geeigneter Kandidat. Allerdings hatte Waldheim über seine Kriegszeit und seinen Status als SA-Waffenoffizier gelogen. Das kam aber erst heraus, als er 1986 um das Amt des Bundespräsidenten wahlkämpfte. Zwar gelang es ihm, die Enthüllungen seiner Vergangenheit, die er nur sehr zögerlich, wenn überhaupt zugab, im Wahlkampf umzudrehen, als bösartige „Campaign" (sprich „Kampääjn") zu brandmarken und so die Wahl zu gewinnen. Stichwort: „Ich habe immer nur meine Pflicht getan." Und Fred Sinowatz' ironischer Kommentar dazu: „Nehmen wir also zur Kenntnis, dass nicht Waldheim bei der SA war, sondern nur sein Pferd."

Waldheims Amtszeit war aber stets von der Affäre überschattet. Immerhin hatte die Sache ein Gutes: Österreich musste sich infolge der Causa (sehr, sehr spät) vom Mythos, das „erste Opfer" Hitlers gewesen zu sein, verabschieden und sich einer langsamen, bis heute nicht abgeschlossenen Aufarbeitung der Mitverantwortung an den Verbrechen des sogenannten „Dritten Reichs" stellen.

Unabhängig von all dem hat sich Kurt Waldheim einen Platz in der Ewigkeit mitten am Sternenhimmel gesichert. Zwar wurde ihm nicht, wie den griechischen Heroen, ein Sternbild gewidmet, aber seine Stimme wird noch tausende von Jahren durch das (allerdings geräuschlose) All schallen: In seiner damaligen Funktion als UN-Chef hat er auf den Raumsonden Voyager 1 und 2, die gerade unser Sonnensystem verlassen, die goldene Schallplatte („Golden Record") besprochen. In seinen Grußworten lädt er mit stark österreichisch behaftetem Akzent auf Englisch die Außerirdischen ein, doch mal bei uns vorbeizuschauen. Die mit folgendem Satz beginnen: „As the Secretary General of the United Nations, an organization of the 147 member states who represent almost all of the human inhabitants of the planet Earth."

Damit lassen wir's gut sein.

WORD-RAP

Folgende Personen wollte ich dann doch noch erwähnen, auch wenn sich aus Platzgründen kein eigener längerer Eintrag mehr ausgegangen ist. Bitte Details über sie selbst googeln oder eine etwaige „erweiterte Neuauflage" dieses Buches abwarten.

Ilse Buck (* 11. Mai 1923, † 1. April 2012) Jahrzehntelang Vorturnerin der Nation via Ätherwellen. Sie hat die Worte „Isometrische Übungen" ins kollektive Unterbewusstsein der Österreicher gebrannt.

Franz Fuchs (* 12. Dezember 1949, † 26. Februar 2000) Einziges Mitglied der „Bajuwarischen Befreiungsarmee" und letztes Opfer seiner eigenen tödlichen Sprengfallen.

Leopold Gratz (* 4. November 1929, † 2. März 2006) Begründete als Wiener Bürgermeister durch den AKH-Skandal die mittlerweile liebgewordene Tradition, Baukosten vor Baubeginn Daumen mal Pi auf nur 20 bis 30 Prozent der tatsächlichen Endkosten zu schätzen. Dieses Geschäftsmodell hat inzwischen viele Nachahmer gefunden, zuletzt die Erbauer des Skylink am Flughafen Wien-Schwechat.

Jörg Haider (* 26. Jänner 1950, † 11. Oktober 2008) Bestes Beispiel gelungener Integration von Zuwanderern. Nach der Emigration aus Oberösterreich wurde er zum kärntnerischsten aller Kärntner. Und postum zum Begründer eines neo-archaischen Totenkults abendländischer Prägung.

Hans Hass (* 23. Jänner 1919, † 16. Juni 2013) Der erste Mensch unter Wasser. Also der erste, der länger blieb und das auch filmte. Der als Hans Heinrich Romulus Haß Geborene ist unter anderem Erfinder des Haierschreckens.

Lotte Hass (* 6. November 1928) Die erste Frau unter Wasser. Also die erste, die länger blieb, das auch filmte – und noch öfter gefilmt wurde.

André Heller (* 22. März 1947) Als Francis Charles Georges Jean André Heller-Hueart geborener Poet, Querdenker und Quermacher von Beruf. Mitbegründer von Ö3 und Erschaffer zahlreicher wahr gewordener Märchenwelten.

Alfred Hrdlicka (* 27. Februar 1928, † 5. Dezember 2009) Bedeutender Bildhauer und Mahnmaler mit eklatantem Vokalmangel. Langzeit-Kommunist und (Mit-)Initiator der deutschen Partei „Die Linke". Schuf auch eine Bronzen-Serie namens „Drei Prostituierte", die aus den Teilen „Kohlmarkt", „Gürtel" und „Praterstern" besteht.

Friedensreich Hundertwasser (* 15. Dezember 1928, † 19. Februar 2000) Berühmter Bemaler. Und Erfinder eines tragbaren Öko-Klos. Als Friedrich Stowasser geboren, aber auch als Friedensreich Regentag Dunkelbunt Hundertwasser bekannt.

Lotte Ingrisch (* 20. Juli 1930) Bedeutende österreichische Schriftstellerin und Botschafterin des Feen- sowie Geisterreichs.

Angelika Kauffmann (* 30. Oktober 1741, † 5. November 1807) Langjährige 100-Schilling-Schein-Schmückerin. Gilt als eine der wenigen bedeutenden Malerinnen Österreichs vor 1900, obwohl sie in der Schweiz geboren wurde und fast ihr ganzes Leben in Italien und England verbrachte.

Ladislaus Kmoch (* 14. Juni 1897, † 10. März 1971) Erschuf mit „Tobias Seicherl" die bisher erfolgreichste Comic-Figur Österreichs sowie den weltweit ersten politischen Tagesstrip. Und das in den 1930er-Jahren.

Otto Koenig (* 23. Oktober 1914, † 5. Dezember 1992) Brachte dem ORF-Publikum jahrzehntelang (1956–1992) die Tierwelt näher. Für die Aufzeichnungen am Küniglberg erschien er stets in khakifarbener Tropenkleidung. Kein Zufall, denn man weiß ja, dass es dort am Berg oft wie im Dschungel zugeht.

Michael Köhlmeier (* 15. Oktober 1949) Eigentlich Autor. Fast aber bekannter in seiner Rolle als Nacherzähler von Göttersagen. Außerdem ehemaliger Vorarlberger-Dialekt-Austropopper (mit Partner Reinhold Bilgeri).

Hedy Lamarr (* 9. November 1914, † 19. Januar 2000) Die als Hedwig Eva Maria Kiesler Geborene galt lange Zeit als die schönste Frau der (Film-)Welt. War eine der ersten Filmnackten sowie Darstellerin der ersten (indirekt) gefilmten Defloration. Außerdem erfand sie die dem Handy zugrunde liegende Funktechnik (ursprünglich für funkgesteuerte Torpedos). Ruht heute zum Teil in Wien.

Niki Lauda (* 22. Februar 1949) Mehrfacher Weltmeister im Im-Kreis-Fahren und Gründer zahlloser Fluggesellschaften. Hat nichts zu verschenken.

Jeanette Baroness Lips von Lipstrill (* 6. November 1924, † 8. März 2005) Geboren als Rudolf Schmid war Lipstrill die letzte Kunstpfeiferin Österreichs. Eine der vielen verlorenen Künste, die mit dem Aussterben der Varietés ebenfalls ausgestorben ist.

Konrad Lorenz (* 7. November 1903, † 27. Februar 1989) Erforschte das Verhalten von Gänsen, indem er ihre Mutter wurde. Was ihm immerhin den Nobelpreis einbrachte.

Richard Lugner (* 11. Oktober 1932) Ein einziges Kuriosum. Mithilfe tiefer Griffe in die eigene Geldtasche verantwortlich für die Erhöhung des Promiaufkommens am Opernball.

Trude Mally (* 21. Januar 1928, † 4. Juni 2009) Die letzte Dudlerin von Wien. Dudeln ist so ähnlich wie Jodeln, aber dann doch nicht und wurde nur in und um Wien gepflegt. Was irgendwie logisch ist, wo doch die Alpen in Wien enden. Oder anfangen, je nach Sichtweise.

Dietrich „Didi" Mateschitz (* 20. Mai 1944) Personifizierte Antithese österreichischer Genusstraditionen, weil Milliardär durch die Vermarktung kaffeefreien Koffeingenusses.

Wolfgang Amadeus Mozart (* 27. Januar 1756, † 5. Dezember 1791) Hieß gar nicht Amadeus. Sondern Joannes Chrysostomus Wolfgangus *Theophilus* Mozart. Was zwar dasselbe bedeutet, aber in seinen Ohren wohl nicht so herrlich klingete.

Franz Olah (* 13. März 1910, † 4. September 2009) Begründete den Trend, (Gewerkschafts-)Millionen zu verteilen, um SP-freundliche Zeitungen zu gründen oder zu unterstützen (darunter die Kronen Zeitung). Außerdem Gründer des „Österreichischen Wander-, Sport- und Geselligkeitsvereins", einer geheimen antikommunistischen paramilitärischen Organisation mit CIA-Unterstützung.

Robert Palfrader (* 11. November 1968) Einziger rechtmäßig amtierender Kaiser Österreichs (Robert Heinrich I.), egal was Karl Habsburg-Lothringen (➻) darüber denken mag.

Joseph Gottfried Ritter von Pargfrieder (* um 1787, † 30. Jänner 1863) Einer der kuriosesten Österreicher überhaupt. Der angeblich uneheliche Sohn von Kaiser Joseph II. (➻) und Millionär errichtete den „Heldenberg", eine Art österreichisches Walhalla, und beglich die Spielschulden der Feldmarschälle Radetzky und von Wimpffen für die Zusage, sich dort begraben zu lassen. Ist selbst auch dort beigesetzt, und zwar in Ritterrüstung und in sitzender Haltung über den Gräbern der Veteranen.

Bernhard Paul (* 20. Mai 1947): Ursprünglich Grafiker, Art Director und Profi-Werber, erfüllte er sich den Traum eines Zirkus mit Menschen für Menschen durch seinen Zirkus Roncalli.

Wolfgang Pauli (* 25. April 1900, † 15. Dezember 1958) Nicht nur Physik-Nobelpreisträger, sondern auch spöttisches Objekt des vielfach experimentell bewiesenen „Zweiten Pauli'schen Ausschließungsprinzips", das da lautet: „Es ist unmöglich, dass sich Wolfgang Pauli und ein funktionierendes Gerät im gleichen Raum befinden." Dieses Prinzip ist als „Pauli-Effekt" heute auch Bestandteil der paranormalen Forschung.

Stefan Petzner (* 17. Jänner 1981) Lebensmensch. Udo-Jürgens-Forscher in spe mit Solarium-Jahresabonnement.

Ida Pfeiffer (* 14. Oktober 1797, † 27. Oktober 1858) Bereiste und umrundete mehrmals die Welt – als die Kinder endlich aus dem Haus waren. Akribische Sammlerin, deren Forschungen bis heute wissenschaftliche Bedeutung haben.

Marcel Prawy (* 29. Dezember 1911, † 23. Februar 2003) Als Marcell Horace Frydmann Ritter von Prawy geborener Operettenführer. Brachte das Musical aus Überzeugung und als Quasi-US-Agent nach Österreich. Bekanntester Dauermieter eines Hotelzimmers mit quadratmeterweise bedeckendem Plastiksackerlsystem als Archiv.

Udo Proksch (* 29. Mai 1934, † 27. Juni 2001) Schifferlversenker.

Erwin Pucher (?) Ex-Boxer (1977 und 1981 Fünfter bei den Boxeuropameisterschaften) sowie einziger Ziegenhirte der MA 48 (Wiener Müllabfuhr) und als solcher zuständig für die den Müllberg am Rautenweg bewohnende Herde Pinzgauer Bergziegen.

Francesca Rhee (* 15. Juni 1900, † 19. März 1992) Die als Franziska Donner Geborene war die erste First Lady Südkoreas. Wurde als Präsidentengattin vom Volk geliebt und geschätzt und liebevoll Hojudaek genannt. Was – leider – „Frau aus Australien" bedeutet.

Otto Schenk (* 12. Juni 1930) Tausendsassa. Dutzendfaches Parodienopfer. Unsterblich gemacht durch seine epochale Interpretation des Ringelnatz-Gedichtes „Bumerang".

Erwin Schrödinger (* 12. August 1887, † 4. Januar 1961) Physik-Nobelpreisträger. Schaffte den Aufstieg zum Popstar der Wissenschaft zwar nicht (wie Albert Einstein) selbst, die von ihm postulierte Katze jedoch schon. Seit ihrer Erfindung 1935 ist Schrödingers Katze sowohl tot als auch lebendig und geistert heute mehr denn je durch die Köpfe und durchs Internet.

Irfan Škiljan (* 1973) In Bosnien geborener Österreicher und Erfinder, Programmierer und Betreiber der weltweit zigmillionenfach benutzten Gratis-Bildbetrachtungs- und Bearbeitungssoftware „Irfanview" (www.irfanview.com).

Heinz-Christian Strache (* 12. Juni 1969) Wiener Rapper, zeitweise bekannt als „HC StraCHE" und Protagonist diverser Comic-Serien.

Bertha von Suttner (* 9. Juni 1843, † 21. Juni 1914) Frühe Friedensaktivistin und folgerichtig erster Preisträger, also nicht nur *erste Preisträgerin*, des Friedensnobelpreises. Die als Gräfin Kinsky von Wchinitz und Tettau Geborene schrieb aufmüpfige Bücher unter einem Pseudonym und ließ sich dann bei Soireen von Männern erklären, sie solle diese nicht lesen, weil solche Bücher nichts für Frauen wären. Das Schulschiff auf der Donau in Wien trägt ihren Namen. Sie wurde auf der 1000-Schilling-Note oft für Maria Theresia (➡) gehalten, was ihr heute auf den österreichischen 2-Euro-Münzen weiterhin passiert.

Luis Trenker (* 4. Oktober 1892, † 12. April 1990) Naturbursch aus Marketing-Gründen. Filmemacher mit zugewachsenen braunen Flecken. Onkel von Giorgio Mordoder.

Wilfried (* 24. Juni 1950) Pop-Chamäleon. Kein anderer heimischer Sänger hat so oft das Fach gewechselt. Hat das mit seinem

Volkschul-Klassenkameraden Jörg Haider – bei diesem jedoch auf politischem Gebiet – gemein.

Conchita Wurst (* 6. November 1988) „Starmania"- (noch als Tom Neuwirth) und „Die Große Chance"-gestählte Chanteuse. Österreichs prominenteste Bartträgerin.

Heinz Zuber (* 7. April 1941) Burgschauspieler und … soll ich sagen? Sag ich niiiicht! Na gut, sag ich doch: als Enrico Emmanuel Theobaldissimus Fillissi Maximo der wahrscheinlich bekannteste Clown Österreichs.

WORD-RAP

DER MANN, DER DEN NEUSIEDLER SEE TROCKENLEGEN WOLLTE

NACHWORT

… oder in diesem Fall vielleicht besser – Auslass. Denn einer fehlt bei all den seltsamen, außergewöhnlichen, skurrilen und wunderbaren Personen in diesem Buch noch: derjenige, der im Titel erwähnt wird. Wer war also nun der Mann, der den Neusiedler See trockenlegen wollte? Kurze Antwort: Ingenieur Karl Kecskés (1798–1856) beauftragt durch Franz Graf Zichy-Ferraris (1777–1839) beziehungsweise Nikolaus IV. Fürst Esterházy (1869–1920). Die längere Antwort ist, nun, länger.

Tatsächlich ist der Neusiedler See seit Menschengedenken – in diesem Fall seit der Überlieferung aus der Römerzeit – bereits mehrfach ausgetrocknet. Je nach Wasserstand, der sich oft sogar innerhalb eines Jahrhunderts drastisch veränderte, wurde der See in den Schriften über 2000 Jahre hinweg abwechselnd als „See", „Sumpf" oder „Fluss" (weil nur noch ein schmaler Streifen Wasser übrig war) bezeichnet. Umgekehrt hatte er bei Hochwasser auch schon gut die doppelte Fläche von heute und überflutete dabei Dörfer wie landschaftliche Gebiete. Bei einem solchen Hochstand wurde etwa durch Umsiedler Apetlon gegründet, heute (wieder) ein paar Kilometer vom Ufer entfernt. Kurz: Der See war unberechenbar. Aus verschiedenen Gründen wurde daher ab 1616 immer wieder seine – künstliche – Austrocknung geplant. Tatsächlich daran gegangen, die Idee umzusetzen, wurde aber eben erst ab 1838 auf Anregung des Raaber Komitates durch die Herren Kecskés und Zichy. Der Hauptantrieb damals war einerseits die Gewinnung von erheblichen Mengen an neuem Ackerland, aber vor allem auch der Schutz der bestehenden Landwirtschaft vor Hochwasser. Der Plan misslang jedoch. Zwar wurde ein Teil des Sumpfgebietes entwässert, der Wasserspiegel sank (wodurch im folgenden Winter der See bis zum Grund gefror und den gesamten Fischbestand umbrachte). Ganz austrocknen wollte er aber partout nicht. Und da für die technische Durchführung einer völligen Austrocknung nicht genug Geld vorhanden war, ließ man den Plan schließlich fallen.

Was aber eigentlich ein Glück war, denn knapp ein Vierteljahrhundert später erledigte die Natur, was Kecskés nicht geschafft hatte. Und zeigte die katastrophalen Folgen, die eine Entleerung des Sees tatsächlich – und gerade auch auf die Landwirtschaft – gehabt hätte.

Ab 1864 trocknete der Neusiedler See bis auf einen schmalen Streifen aus. Und man machte sich daran, den neuen Boden landwirtschaftlich zu nutzen. Allerdings musste man erkennen, dass der Seeboden sehr viel Mineralien wie Glaubersalz, Soda und Schwefel enthält, was fast jede Form der Bewirtschaftung unmöglich macht. Bis auf etwas Weizen- und Rübenanbau an einigen Stellen. Außerdem wurde Reis angebaut. Von allein bedeckte sich der Rest des Bodens nun mit salzresistenten Pflanzen, die auch von zeitgenössischen Forschern untersucht wurden. Das Ergebnis: Es handelte sich durchwegs um Pflanzen, die sonst an Meeresufern gedeihen.

Bald zeigten sich weitere unerwünschte Folgen. Der Bodenschlamm des verlandeten Sees trocknete ebenfalls aus, verkrustete und wurde als Staub in die Umgebung geblasen. Und wir sprechen hier von Salzstaub, der sich weder auf die Anpflanzungen rundum noch auf die Lungen der Anrainer besonders vor-

teilhaft auswirkte. Außerdem wurde durch den Wegfall der großen Wasserfläche auch das Mikroklima der Gegend, für die
Landwirtschaft ungünstig, beeinflusst. Wenige Jahre danach war
der See jedoch schon wieder gefüllt – nur um ein paar Jahre später wieder fast komplett auszutrocknen. Und dann wieder be-
drohlich viel Wasser zu führen. Das nervte die Anrainer derart,
dass sie erneut Pläne zur Austrocknung und „besseren Nutzung"
des Sees schmiedeten. 1885 wurde ein Kanal geplant, 1895 begonnen und 1909 geöffnet. Das Ergebnis: Der Wasserstand sank.
Ein bissi. Der sogenannte Einserkanal wurde zum Einserschmäh.

Aber das stachelte die Anwohner, allen voran Nikolaus IV.
Fürst Esterházy, nur noch weiter an. Seine Idee war eine Teilung:
Das Wasser sollte durch Dämme an einer Stelle konzentriert werden, um Fischzucht zu ermöglichen, wodurch andere Teile (mit
fruchtbarem Boden) austrocknen würden und landschaftlich genutzt werden könnten. Die Zuständigen im damals noch ungarischen Burgenland stimmten 1918 begeistert zu. Aber kurz darauf
kam das Burgenland zu Österreich und alle Pläne wurden ge-
stoppt. Aus Sorge um das Klima wollte man den See als Ganzes
erhalten. Wieder nix, aber immerhin hat sich Esterházy mit seinem Einsatz als weiterer Anwärter für den Titelgeber dieses Buches qualifiziert.

Und danach? Nun, 1929 gefror der See wieder bis zum Boden
zu und alle Fische starben. Dann wollte die NS-Regierung 1938
wiederum einen Teil austrocknen, was aber verhindert wurde.
1941 gab es wieder eine Überflutung bis Apetlon … So oder so
ähnlich liest sich übrigens die gesamte Geschichte des Sees, seiner Austrocknungen, Ausdehnungen, seiner mehr oder weniger
vorhandenen Beschilfung und seiner Hochwasser sowie deren
Auswirkungen auf die dort jeweils lebenden Menschen. Jahrhun-

derte überspannende faszinierende und oft erstaunlich kuriose Details. Eigenes Weiterlesen und Forschen diesbezüglich wird daher einschlägig Interessierten dringend angeraten.

Erst in der Nachkriegszeit setzte sich eine vorsichtige Regulierung durch, die aber noch immer nicht abgeschlossen ist. Heute sorgt der Einserschmähkanal für einen gemächlichen Abfluss aus dem See. Und bei Donauhochwasser auch zu einem Rückfluss, alles geregelt durch Wehranlagen. Für die Zukunft ist auch ein künstlicher Zufluss angedacht. Womit eine Stabilisierung und Konservierung des Status Quo und eine Erhaltung des Biotops Neusiedler See für künftige Generationen gesichert wäre. Und die letzte Geschichte dieses Buches zu Ende erzählt.

REGISTER

Der Klassiker!

192 Seiten, gebunden mit Schutzumschlag
ISBN 978-99300-090-5, € 19,90

BILDNACHWEIS

Schreibmaschinenmuseum/Südtirol (11), Fam. Ingrid Wolf (20), Österreichische Post AG (49), Gery Wolf (72), Walter Fleischhacker (85), Dominik Beckmann (99), Trapp Family Singers (174).

Alle übrigen Bilder stammen aus den Archiven des Metroverlages. Der Verlag hat alle Rechte abgeklärt und bedankt sich für die Zurverfügungstellung der Bilder. Konnten in einzelnen Fällen die Rechteinhaber der reproduzierten Abbildungen nicht ausfindig gemacht werden, bittet wir Sie, dem Verlag bestehende Ansprüche zu melden.